董宝珍
作品集

董宝珍 —— 著

价值投资 —— 之

银行大博弈

Value Investment

The Great Game in Banking

U0360092

机械工业出版社
CHINA MACHINE PRESS

图书在版编目（CIP）数据

价值投资之银行大博弈 / 董宝珍著 . -- 北京：机械工业出版社，2021.4（2025.6 重印）

（董宝珍作品集）

ISBN 978-7-111-67975-2

I. ① 价… II. ① 董… III. ① 银行业 – 投资 – 研究 – 中国 IV. ① F832.3

中国版本图书馆 CIP 数据核字（2021）第 062819 号

价值投资之银行大博弈

出版发行：机械工业出版社（北京市西城区百万庄大街 22 号 邮政编码：100037）

责任编辑：沈 悦　　　　　　　　　　　责任校对：殷 虹

印　　刷：固安县铭成印刷有限公司　　　版　　次：2025 年 6 月第 1 版第 6 次印刷

开　　本：170mm×230mm 1/16　　　　印　　张：11

书　　号：ISBN 978-7-111-67975-2　　　定　　价：49.00 元

客服电话：（010）88361066　68326294

前　言

　　1994 年我进入证券公司从事网络管理工作，成为证券从业人员。迄今为止，我在这个行业里已经整整 26 年了，几乎见证了中国资本市场的全部历程。基于自己的所见所闻，尤其是进入资产管理业的亲身实践，历经 20 多年的投资求索，我逐步形成了自己的投资理念和投资模式，并将这些研究成果在我的书中分享出来。在上一部著作《价值投资之茅台大博弈》中，我复盘了自己投资贵州茅台的曲折过程。在这本《价值投资之银行大博弈》中，我将分享自己近几年来有关银行股的研究与观点。尽管我在投资历程中不止遭遇了一次超预期的曲折与低谷，但是我的投资理念始终是一以贯之的。

　　我认为，投资其实需要解决两个问题：第一，投资什么公司；第二，在什么时候，以什么价格投资。这是两个最基础的问题，前者关于如何选择投资对象，后者关于如何选择投资时机和价格。

　　先解答第一个问题，我选择投资优秀的、坚不可摧的公司。这些公司必须是与社会经济息息相关，且有强大竞争优势和坚固护城河保护的优秀公司。我对投资对象的选择依从以下八买八不买原则：

- 买永续，不买脉冲需求；
- 买垄断，不买竞争公司；

- 买简单，不买复杂公司；
- 买单一，不买多元公司；
- 买客观，不买主观优势；
- 买轻资产，不买重资产；
- 买大公司，不买小公司；
- 买老公司，不买新公司。

再来解答第二个问题，关于投资时机和价格，我选择逆势而动，在人弃时买入。巴菲特说以合理的价格买入优秀的公司，会获得良好的回报。我的追问是：如果以极端低估的破产价格，买入优秀的公司会得到怎样的回报？答案是会获得超额回报。在我2013年投资贵州茅台时，市场情绪悲观，所有人都恐惧、看空、卖出、远离贵州茅台，当时其股价已经极端被低估。同样地，2018年初，有些银行股的市盈率已经不到5倍，市净率低于0.5倍，这样的低估值之下，银行股几乎是在按破产价格交易。

总结起来，我的投资模式可以归纳为：在有长期战略前景的公司遭遇阶段性的、非本质的、可克服的经营困难，可能会引发大众非理性恐慌卖出，导致股价被极端低估时，逆势买入，之后等待市场从错误中清醒过来，修复估值。

众所周知，巴菲特的伯克希尔－哈撒韦几十年来一直重仓银行股，其中最为著名的是富国银行。富国银行在2008年金融危机来临后，为应对资产质量恶化，连续3年每年计提资产减值损失超过100亿美元，导致当期净利润大幅下跌。但在计提完毕之后，富国银行利润出现了强劲增长。2011年富国银行资产减值损失大幅回落，利润急速增长，其估值也随即开始修复，股价从2011年底到2014年初上涨了接近 200%。

截至 2020 年，中国银行业低估值已近 10 年，目前中国银行业的拨贷比非常高，拨备覆盖率很低。2019 年中国银行业的拨贷比为 3.47%，而美国银行业的拨贷比仅有 1.07%。这意味着中国银行业每贷出 100 元，就要准备 3 元作为风险补偿，而美国银行业每贷出 100 美元，仅仅需要准备 1 美元作为风险补偿，中国的风险补偿（3%）是美国的 3 倍（1%）。现在的中国银行业与 2011 年的美国银行业类似，正充满投资机会。

本书记录了我近年来有关中国银行业的研究和观点，论述了中国金融系统的优势与特征，以及银行股的投研逻辑，希望可以给读者一些有益的帮助。

目 录

第7章 疫情不会改变中国银行业的复苏大势

第8章 银行股被低估的深层次原因

第9章 跨越过程是投资成功的关键

第 1 章

银行股投资机会的逻辑依据

中国银行业有投资机会的逻辑原理

投资者的核心竞争力是独立思考能力。你正确地判断了形势，不一定能赚到钱，只有你正确地判断了形势，同时大部分人都误判了形势，你才能大概率赚到钱。

价值投资为什么可以造就巴菲特、芒格这样伟大的投资大师？这种投资模式能持续稳定成功的原因是什么？本质上看，价值投资之所以能成功，是因为价值投资者追寻确定性，追求的是 100% 赚钱的机会。价值投资不像市场上说的那样高风险高收益，价值投资追求的是无风险高收益的标的物。这是价值投资持续稳定成功的深层次原因。

我认为，投资机会源于客观事实和主流认知的偏差。2013年的贵州茅台及 2020 年的银行业，长期来看都没有任何问题，但是因为种种原因，市场变得悲观了，不再相信它们的长期未来，于是形成了认知与事实的偏差。这种偏差制造了投资机会。

投资分析其实是在事实发生之前寻找事实将要发生的逻辑，并依据逻辑预判未来。只有合乎逻辑的事情才可能在未来发生。如果中国的银行股未来能够给投资者带来财富，那么当下一定存在投资银行股可以给人们带来财富的逻辑。

我认为，在中国银行业资产质量恶化的情况下，银行股仍可以获得确定无疑的投资回报，其逻辑依据源于银行业基本业务模式决定的不可逆转的经营规律。

自现代银行诞生以来，其发展始终贯穿着一个永恒不变的逻辑——宏观经济客观上是周期波动的，银行业的经营也必然是有周期性的。大体上每隔 10 年，银行业都会有一次不良资产爆发，在不良资产爆发时银行业利润率会下降。此时从表面上看，银行业已经陷入一年不如一年的衰退，然而银行业的衰退和那些丧失竞争优势的企业的衰退截然不同。银行业周期性不良资产爆发时表现出来的利润衰减，只是因为其在处理短期的一次性坏账，其自身的商品和服务并没有出现问题。事实上，银行业的信贷资源一直是稀缺资源，至少在中国获得贷款是很不容易的，资产质量恶化带来的利润减少只是短期现象，此后银行业必然会走向新的复苏和增长周期。

这个必然性和确定性是由银行业基本经营规律及人类社会的经济规律决定的，也是 400 年来银行经营过程中的普遍现象。银行业的发展从来没有因为资产质量恶化而停滞不前，更没有出现过走向衰亡的情况。只要人类社会经济还在，银行业将永远在周期波动中存续下去，而且收入规模和利润水平始终保持向上，这也是伯克希尔－哈撒韦公司长期重仓银行股的根本原因。

对于这种确定性，资本市场里的很多聪明人却不愿意相信。当中国银行业在过去几年资产质量恶化后，净利润增速随之下降，于是资本市场的绝大部分人认为银行业从此会走向长期衰败，再也不能复苏和成长了。

下面我从中外金融市场的事实和逻辑两个方面论证为什么在银行遭遇坏账时，投资银行股仍然有确定性回报。

银行业的 V 形反转孕育投资机会

刚才讲到，人类金融史上，银行业每隔 10 年左右就会出现一次因经济转型而出现的不良资产增加，这是普遍规律。以 10 年为周期，银行业有七八年的成长，之后两三年集中释放之前积累的不良资产，释放完以后进入新成长周期。这一模式自银行业诞生以来周而复始，从未改变。

以美国银行业为例，自 2000 年开始到现在，美国银行业的贷款规模一直是稳定成长的，信贷增速为 5.62%，同期 GDP 增速为 4.1%。美国银行业净利润增速为 6.62%，高于贷款规模增速。

2008 年金融危机后，美国银行业的净利润变成了负值，出现了大幅下跌之后的 V 形反转（见图 1-1）。这个变化意义深刻，揭示出银行业在遭遇危机后，利润的衰退总是一次性的，是不可持续的。无论金融危机多么严重，出现多么巨大的资产减值损失，这个损失都不是长期存在的，只要计提完后就会结束，不会长期影响银行业利润。

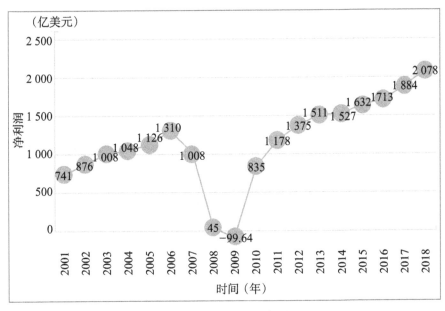

图 1-1　美国银行业净利润

资料来源：美国联邦储备系统。

数据同时反映出银行业总是增长的，如果忽略过程的波动，从长期看银行业无论是贷款规模，还是相应的利润总是增加的。这是因为社会财富总是在增长，财富要用货币来标价，因此货币随着财富的增长必定增加，导致银行业的业务量增加。

再来看看俄罗斯的银行业数据，表 1-1 是在 2014 年石油价格下跌引起的俄罗斯GDP增长转负的过程中，俄罗斯银行业的净利润变化数据。可以看到俄罗斯银行业的净利润快速大幅降低，但是随着经济企稳，很快又创出历史新高。

表1-1　俄罗斯银行业净利润

年份	净利润（亿卢布）	同比增长（%）
2013	10 000	
2014	5 890	−41.10
2015	1 920	−67.40
2016	9 000	368.75
2017	14 000	55.56

资料来源：中国驻俄罗斯使馆商务处。

扩展到世界其他经济体的银行业，同样会发现几乎每隔10年就有一次V形反转，这是银行业的业务特征决定的。每次在经济危机和金融危机发生时，银行业的资产质量就会快速恶化，净利润大幅下跌，但是当金融危机过去后，银行业净利润总会创出新高。在危机发生时，银行股估值被压得很低，此时买入银行股，等待银行消化完不良资产后迎来新的成长周期，这种投资模式必然获利。

巴菲特投资富国银行的经典案例

巴菲特和芒格管理的伯克希尔－哈撒韦公司几十年来长期重仓银行股和消费股，其中最著名的股票为富国银行。富国银行在2008年美国金融危机来临后，为应对资产质量恶化，连续3年计提资产减值损失超过100亿美元，导致当期净利润大幅下跌。

但在计提完毕之后，富国银行的利润出现了强劲增长。2011年，富国银行计提的资产减值损失大幅降低，利润急速增长，估值开始修复，股价从2011年底到2014年初上涨了接近200%。

那么，巴菲特是在什么时候，以什么估值水平买入富国银行的呢？是在富国银行经营形势一片大好时吗？他曾在致股东的信中详细解释了买入富国银行的原因。

1990年，我们的前6大重仓股中的5只股票，既没有买进过一股，也没有卖出过一股，唯一的例外是富国银行。这是一家管理超一流而且收益率很高的银行，我们把持股比例提高到接近于10%，大约1/6的仓位是在1989年买入的，其余在1990年买入。

1990年我们能够大规模买入富国银行，得益于一片混乱的银行股市场行情。这种混乱源于连续几个月来一些声誉很好的银行的负面新闻，它们做出的愚蠢的贷款决策被曝光了。随着巨额贷款损失被揭露出来，投资者推断：没有一家银行披露的财务数据值得信赖。投资者纷纷低价抛售银行股，因此我们才以2.9亿美元买入富国银行近10%的股份，我们买入的股价低于税后利润的5倍（5倍市盈率），低于税前利润的3倍。

买入富国银行10%的股份我们仅仅花费了2.9亿美元，如果整体收购一家小银行，我们要支付2倍的价钱，而且买入一家资产规模为50亿美元且需要支付高溢价的小银行会带来一个问题：我们无法找到像富国银行 CEO 卡尔·雷卡德这样优秀的经理人。最近几年，富国银行管理层一直在招兵买马，却没有一家银行能够从富国银行挖走高管。

当然，持有一家银行或任何一家企业的股权不会绝对没有风险。我们重仓持股富国银行的第一个风险是，加利福尼亚州的银行都面临着一个特定的风险，就是可能发生一场大地震，这场大地震会给银行借款人的财产造成巨大的破坏，也会给向他们提供贷款的银行造成损失。第二个风险是系统性风险，有可能出现一场非常严重的商业萎缩或者金融恐慌，严重到几乎会威胁到每一家高负债的机构，不管它们经营得多么精明。第三个风险是，当时市场上最大的恐慌是，美国西海岸房地产的价值会因为过度建设而暴跌，这会给为这次房地产大扩张提供贷款的银行带来巨大的损失。由于富国银行是房地产贷款规模最大的银行，所以投资者认为富国银行尤其脆弱，不堪一击。

这些可能发生的危险并不能完全排除掉。我们可以进行如下推算：目前，在扣除了 3 亿美元以上的贷款减值准备后，富国银行每年的税前盈利仍然大大超过 10 亿美元。如果富国银行 480 亿美元的全部贷款中有 10% 在 1991 年出现问题，即使这些问题贷款造成的损失（包括损失的利息）平均占到贷款本金的 30%（约合 15 亿美元），富国银行仍然能够基本上维持盈亏持平。

尽管如此，由于市场非常担心加利福尼亚州将出现类似于新英格兰地区的房地产崩盘，因此富国银行股票在1990年的几个月内就暴跌了将近一半。尽管我们在那次大跌前已买入了一些股票，但我们还是非常欢迎富国银行这次股价大跌，因为这能使我们以恐慌性抛盘导致的更低价格买入更多的股票。

由此可见，巴菲特买入富国银行时，它的经营状态和2020年中国银行业的经营状态十分相近。由于某种原因中国银行业的资产质量发生了恶化，并且经历了几年的处理和消化，目前将要走出低谷，进入新成长周期。与此同时，新冠肺炎疫情冲击了社会经济，这种内有资产质量恶化、外有灾害冲击的情况与当年巴菲特买进富国银行时的情况几乎一样。

巴菲特最后在富国银行上大获其利，成为投资史上的经典，而巴菲特之所以能在富国银行的投资中获利，是因为他洞悉银行业的经营规律。当资产质量恶化打击资本市场投资者的信心时，银行股被低估，但此时买入银行股必然赚钱。

巴菲特提到，1990年买入富国银行支付的价格要比买入小银行的价格便宜一半。也就是说，买一家各方面都不如富国银行的小银行，反而要付出两倍的价格。巴菲特所说的这种现象，在2020年的中国资本市场上也出现了。

在中国资本市场，上市的银行是中国管理水平最高、抗风险能力最强的银行，但现实是这些优质银行的市净率很多跌到0.5倍，而风险较高的小银行的场外交易价格却从来没有低于1倍市净率过。也就是说，资产质量差、风险承受力弱的小银行的价格比资产质量好、管理水平高的大型银行贵1倍。0.5倍市净率意味着银行按照破产清算价格的一半卖给你，0.5倍市净率已经覆盖了一切风险，包括破产风险。

资本市场没有新鲜事，只有贪婪和恐惧的交替与重演。巴菲特以5倍市盈率买入富国银行，2020年夏天在中国资本市场上5倍市盈率的银行股一抓一大把。H股上市的中国银行股的估值甚至出现了3倍市盈率，基本上是至今为止人类金融史上银行估值的极限。

30年前，巴菲特创造了投资史上的经典成功案例，今天中国银行业处在相似的情况下，会有投资者复制巴菲特的成功吗？如果巴菲特买入5倍市盈率的富国银行可以获利，那么以更低的估值水平买入中国银行股会遭遇损失吗？

大旱之年该低价卖出土地还是低价买入土地

当下的中国银行股类似这样一幅图景（见图1-2）。

一条河流的中游地区由于气候异常变化遭遇了干旱，因此上游河水流经干旱地区被截流，流向下游的水自然减少了。下游两岸有大量的良田，由于水量减少，导致良田的灌溉受到影响，产出暂时下降，但下游的人们认为水量会永远减少。如果这个认知还得到了某些专家的认同，专家甚至提到未来下游可能会沙漠化，人们就会在恐慌中争相以 5 折的价格抛售下游的土地。实际上，水量减少只是短期情况。人们低价竞卖土地的过程是错误认知导致的错误交易行为。

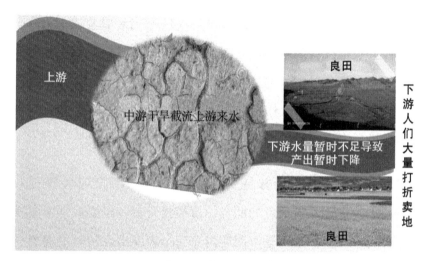

图 1-2　银行业图景

一些相对理性的人基于常识，认为下游水量在一段时间之后会恢复正常，下游良田的灌溉长期而言不会受影响，所以，他们以 5 折价格买入，等待过一段时间恢复正常。可是他们买入后，时间一年年过去了，下游水量始终不增加，于是他们实在耐不住，把自己低价买入的良田卖掉了。

然而这时上游传来了确定的消息，出现了人人都能看见的事实，上游的供水量增加了，而且还是长期增加。增加的上游来水注入干旱地区的水库，个别水库已经被注满，从而流向下游的水量也开始增加，但此时下游良田的价格还没有上涨！这时，你该买入良田，还是卖出良田？

实际上，气候的变化与银行业的经营周期类似。《史记·货殖列传》就提出了"六岁穰，六岁旱，十二岁一大饥"的农业周期，这与银行每隔10年都会出现一次坏账高峰其实非常相似。人类社会从来没有摆脱过旱灾的影响，但其发展却从未停下过脚步。气候异常导致的饥荒几乎每隔12年就会发生一次，但随之而来的便是风调雨顺。银行业何尝不是如此，坏账处理完后便会进入新增长周期，我们可以在财务报表上看到这种增长。

真正伟大的投资者都是杰出的逆向行动者。巴菲特说过一句话：不确定性是投资者的朋友。价值投资者一定要敢于逆向投资，历史性机会都是在基本面还没有完全表现出好转时出现的。

2008的金融危机造就了百年不遇的投资机会，如果做更大量的统计，你会发现几乎所有最好的投资机会都出现在基本面最坏的时刻。

第 2 章

中国银行业的
资产质量已经持续好转

专注于有限的机会，集中力量深入研究有限的公司，才能成为巴菲特说的行业理解深度前 100 名的人。

新增逾期贷款与新增逾期贷款率已持续降低

新增逾期贷款率是反映资产质量最客观的指标

银行资产质量认定有一定主观性，不同银行不良资产认定尺度不同，坏账确认的标准差异很大。有的银行只要贷款逾期 1 天就当作坏账，有的银行贷款逾期 100 天都不把它当作坏账。尽管许多资产究竟是不良资产还是正常资产，银保监会贷款有明确的规定，但是银行从业人员在认定的时候是可以主观裁量的。就像法庭判决一样，每个案件都有法律依据，但是不同的法官对同一案子的判决结果是不同的。因此，银行财报披露的不良贷款余额含有主观性。

这种主观性对研究者来说有可能造成失真，形成误判。于是在研究过程中，人们希望找到一个完全绝对客观，不包含任何人为调整因素的数据。在各种财务指标中，我认为新增逾期贷款和新增逾期贷款率是反映银行资产质量及其变化最客观的指标。

逾期贷款将贷款客户是否能够按照约定的时间还回利息或本金作为是否计入逾期的条件，而且是唯一条件，因此带有一定的客观性和非主观性。我问过银行高管，对方解释说：逾期贷款只要发生就要记入，如果不记入就是违法甚至是犯罪。1 年之内新增了多少逾期贷款相对客观地反映了银行资产质量的变化，如果新增逾期贷款大幅增长，就说明资产质量恶化了，如果新增逾期贷款减少，说明资产质量好转。所以我们把新增逾期贷款和新增逾期贷款率作为考察银行资产质量变化的关键点。

每年的新增逾期贷款在上市银行的财报中并不直接披露，但是可以通过上市银行的数据计算出来。上市银行每年都会披露逾期 1 到 90 天的贷款，以及逾期 90 天到 1 年的贷款，把这两个数据加总就是 1 年之内新增逾期贷款。招商银行 2018 年年报中关于逾期贷款的数据如图 2-1 所示。

5 家国有银行和 8 家股份制银行新增逾期贷款均已下降

5 家国有银行（工商银行、农业银行、中国银行、建设银行、交通银行）和 8 家股份制银行（平安银行、光大银行、民生银行、华夏银行、浦发银行、中信银行、兴业银行、招商银行）的新增逾期贷款如图 2-2 所示。

	2018 年 12 月 31 日		2017 年 12 月 31 日	
	贷款金额（百万元）	占贷款总额百分比（%）	贷款金额（百万元）	占贷款总额百分比（%）
逾期 3 个月以内	19 731	0.50	16 178	0.46
逾期 3 个月至 1 年	16 447	0.42	16 824	0.47
逾期 1 年以上至 3 年以内	19 130	0.49	26 093	0.73
逾期 3 年以上	6 695	0.17	2 762	0.08
逾期贷款合计	62 003	1.58	61 857	1.74
客户贷款总额	3 933 034	100.00	3 565 044	100.00

图 2-1　招商银行 2018 年年报截图

资料来源：上市公司财报。

2019 年股份制银行和国有银行的新增逾期贷款都已见顶，差别是国有银行的新增逾期贷款已见顶回落，股份制银行的则在高位横向运动。

如果把新增逾期贷款折算成新增逾期贷款率，计算每年新增逾期贷款占贷款总额的比例，会得到图 2-3（注：8 家股份制银行中的招商银行、民生银行单独计算）。**如图 2-3 所示，银行业新增逾期贷款率出现了见顶回落，拐点清晰可见，且发生在 2015 年。**

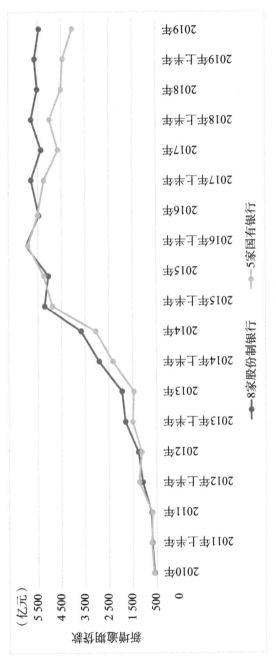

图 2-2　新增逾期贷款

资料来源：上市公司财报。

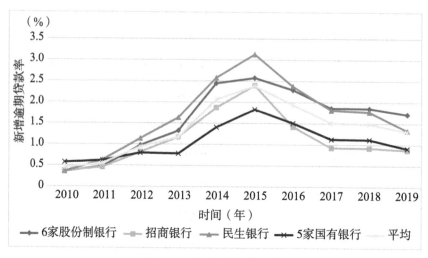

图 2-3　新增逾期贷款率

资料来源：上市公司财报。

中国银行业新增逾期贷款和新增逾期贷款率最高的时点是 2015 年，也就是说 2015 年是中国银行业资产质量恶化最严重、最集中的时期，2015 年之前新增逾期贷款逐年上升，2015 年达到了最高峰，此后开始缓慢下降。

在新增逾期贷款数据上，为什么 5 家国有银行已经掉头向下，而股份制银行相对还在高位横盘？

我把各银行从 2010 ～ 2019 年每年的新增逾期贷款加起来，得出 2010 ～ 2019 年累计的新增逾期贷款，然后用累计新增逾期贷款除以 2010 ～ 2019 年各银行的平均贷款规模，得出表 2-1。

表 2-1　各银行新增逾期贷款额

	2010 ～ 2019 年累计新增逾期贷款（亿元）	2010 ～ 2019 年平均贷款规模（亿元）	累计新增逾期贷款占平均贷款规模比例（%）
平安银行	3 019.75	12 337.74	24.48
光大银行	3 007.00	15 633.25	19.23
民生银行	3 731.75	20 888.65	17.86
华夏银行	1 689.45	10 788.75	15.66
浦发银行	3 590.91	23 542.57	15.25
中信银行	4 731.83	24 700.26	19.16
兴业银行	2 528.01	18 682.41	13.53
招商银行	3 233.64	27 762.70	11.65
8 家股份制银行平均	3 191.54	19 292.04	16.54
工商银行	14 473.73	115 736.78	12.51
农业银行	10 685.69	86 962.02	12.29
交通银行	4 321.99	36 884.46	11.72
中国银行	9 603.70	88 044.13	10.91
建设银行	8 670.42	101 693.92	8.53
5 家国有银行平均	9 551.11	85 864.26	11.12

如表 2-1 所示，5 家国有银行 2010 ～ 2019 年累计新增逾期贷款占同期平均贷款规模的比例约为 11.12%，8 家股份制银行比例约为 16.54%，国有银行整体偏低。同时，国有银行 2019 年的累计逾期贷款相较 2010 年，平均涨幅 250% 左右，而股份制银行涨幅均超过 600%。

也就是说，国有银行贷款的资产质量整体好于股份制银行，因此清理不良资产需要的时间要短，在数据上就较早地表现出新增逾期贷款掉头向下的态势。2015 年之后，股份制银行的新增逾期贷款不再创新高，但是仍在高位，需要时间消化不良资产。

我认为，国有银行及招商银行已经走出了资产质量恶化的困境，走向了新的发展阶段，所以股份制银行也会在一段时间后走出困境。

我的依据是，以新增逾期贷款和新增逾期贷款率为表现形式的客观资产质量变化趋势在质的层面上没有差别，差别只是量的不同。因此，国有银行和股份制银行的资产质量变化具有量的差异性和质的一致性，量的差异性导致它们走出困境的时间不同，质的一致性决定它们一定会走上复苏之路。所以对于股份制银行，新增逾期贷款额的下降只是时间问题。

逾期 90 天以上贷款拨备覆盖率也证明资产质量好转

逾期 90 天以上贷款也是一个绝对客观的衡量银行资产质量的指标，完全没有任何人为认定因素。于是，我们对逾期 90 天以上贷款和各银行的拨备进行了计算，得出了逾期 90 天以上贷款拨备覆盖率。观察这个拨备覆盖率的变化，可以看到银行资产质量的客观走向。2010 ～ 2019 年底，股份制银行逾期 90 天以上贷款拨备覆盖率和不良贷款拨备覆盖率的变化如图 2-4 所示。

2012 年，股份制银行逾期 90 天以上贷款拨备覆盖率和不良贷款拨备覆盖率都高达 300% 以上，之后从 2013 年开始回落。在回落的过程中，逾期 90 天以上贷款拨备覆盖率以更快速度下行，从 350% 降到了 120%，幅度非常大，且一直持续到 2015 年初。与此同时，不良贷款拨备覆盖率从 350% 降到了 200%，降幅稍小。

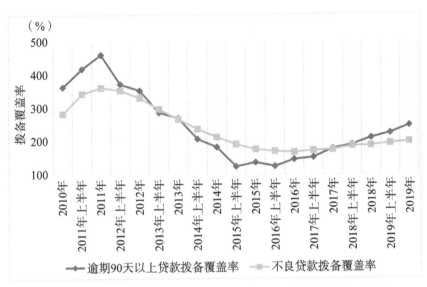

图 2-4 股份制银行逾期 90 天以上贷款拨备覆盖率和不良贷款拨备覆盖率

资料来源：上市公司财报。

从 2015 年开始，股份制银行逾期 90 天以上贷款拨备覆盖率从 120% 逐渐回升，到 2019 年底已经回升到 248%。与此同时，股份制银行的不良贷款拨备覆盖率持续下降，以至于 2017 年逾期 90 天以上贷款拨备覆盖率高于不良贷款拨备覆盖率。2019 年底，股份制银行逾期 90 天以上贷款拨备覆盖率为 248%，不良贷款拨备覆盖率为 200%。

图中曲线变化的本质是 2015 年前股份制银行产生了大量 90 天以上逾期贷款，但银行没有将其都认定为坏账，全部计提资产减值损失，导致数据失真。2015 年后，新增的逾期 90 天以上贷款其实已经不再大规模增长了，但股份制银行大量主动计提资产减值损失，加强了不良贷款认定的严格度，所以在数据上出现逾期90天以上贷款拨备覆盖率在2015年前跌幅大于不良贷款拨备覆盖率，2015年后开始回升，同时不良贷款拨备覆盖率下降的情况。

逾期90天以上贷款拨备率的拐点发生在2015年，而不良贷款拨备覆盖率的拐点发生在2017年初。客观数据显示，股份制银行的客观资产质量在2015年已经好转，报表上的资产减值损失滞后2年出现拐点。

图2-5是国有银行逾期90天以上贷款拨备覆盖率和不良贷款拨备覆盖率的对比图。

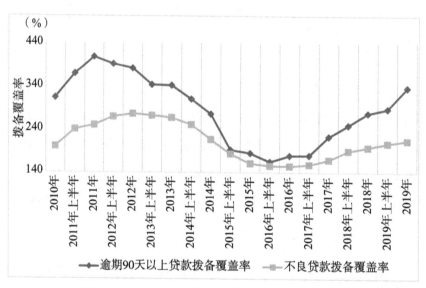

图2-5　国有银行逾期90天以上贷款拨备覆盖率和不良贷款拨备覆盖率
　　　资料来源：上市公司财报。

　　5 大国有银行的风险资产认定标准更严格，财务数据的真实性更高一些。5 大国有银行逾期 90 天以上贷款拨备覆盖率一直以来都高于不良贷款拨备覆盖率。

　　如图 2-5 所示，2013 年之前两个拨备覆盖率都很高，2013 年之后均快速回落，到 2016 年初左右见底，出现拐点。进入 2017 年之后，国有银行的两个拨备覆盖率都开始回升，这意味着客观资产质量开始好转。同时，影响当期利润的不良贷款拨备覆盖率开始上升，说明国有银行的客观资产质量和报表资产质量同步好转，都从 2017 年开始好转了。

　　再来看招商银行和民生银行的这两个数据，如图 2-6 和图 2-7 所示。

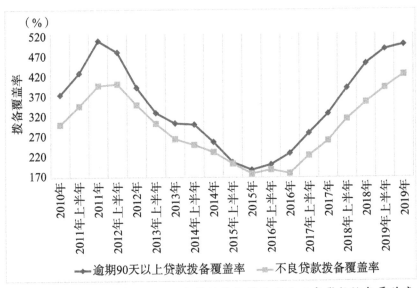

图 2-6　招商银行逾期 90 天以上贷款拨备覆盖率和不良贷款拨备覆盖率
　　资料来源：上市公司财报。

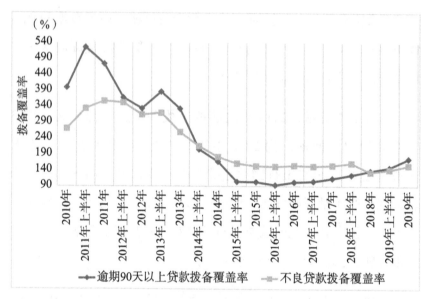

图 2-7　民生银行逾期 90 天以上贷款拨备覆盖率和不良贷款拨备覆盖率
资料来源：上市公司财报。

招商银行的数据清晰地显示了实际资产质量的变化特征和报表资产质量的变化特征。从 2016 年开始，招商银行的两个拨备覆盖率联袂回升，到 2019 年已经回升到了 2012 年的水平。

招商银行 2019 年的实际资产质量和报表资产质量都同步回到 2012 年的水平，而 2012 年是这一轮银行业坏账爆发的起点。也就是说，招商银行已经完全摆脱了这一轮的银行业坏账大爆发，率先进入了新周期。

再看民生银行，它的两个拨备覆盖率都很低。2012～2013年，民生银行两个拨备覆盖率从 300% 高位快速下跌，2015 年触底，到今天并没有发生强劲的反弹。但要特别注意的是，民生银行的客观资产质量和报表资产质量都出现了非常明确的企稳，持续 3 年没有恶化。

客观资产质量不恶化为报表资产质量分化提供了基础，两个指标都在底部艰难盘整，而且数值都很低，这也是民生银行估值非常低的原因。不过我们看投资是看变化的，民生银行的变化态势是确定的，企稳加缓慢复苏。这就是这两个指标的意义。

通过以上深入本质的分析，我们发现实际上从国有银行到股份制银行，客观资产质量都在明显好转。国有银行和招商银行的客观资产质量和报表资产质量同步好转，股份制银行客观资产质量好转已经确定，但是报表资产质量还在低位。由于客观资产质量已经好转，所以报表资产好转只是时间问题。这是确定中国银行业战略拐点已经出现的最重要的依据。

通过比较逾期贷款与不良贷款看银行经营细节

我们再看看 6 家股份制银行（不包括招商银行、民生银行）及 5 家国有银行的逾期 90 天以上贷款和不良贷款（见图 2-8 和图 2-9）。

可以清楚地看到，股份制银行 2012 ～ 2013 年不良贷款和逾期 90 天以上贷款几乎是一样的，但是 2013 年后逾期 90 天以上贷款超越了不良贷款，这反映出股份制银行在认定不良贷款时采取了宽松的态度。进入 2018 年之后，股份制银行出现了新的变化，不良贷款超过了逾期 90 天以上贷款，反映出股份制银行认定不良资产的力度加大。

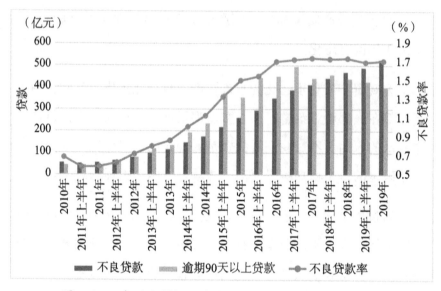

图 2-8　6 家股份制银行逾期 90 天以上贷款和不良贷款
资料来源：上市公司财报。

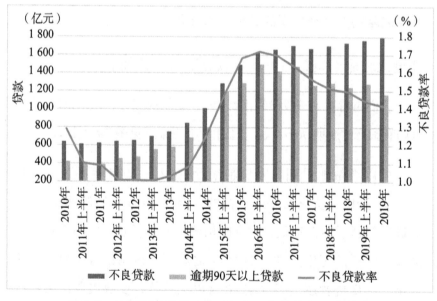

图 2-9　5 家国有银行逾期 90 天以上贷款和不良贷款
资料来源：上市公司财报。

再看国有银行，它们在 2014 年之前不良贷款与 90 天以上逾期贷款均大幅增长；2015 ～ 2017 年，不良贷款偏离率出现趋势变化；2018 年后，国有银行不良贷款明显大幅超越逾期 90 天以上贷款。这说明国有银行的不良贷款认定标准较严格。

进一步看招商银行和民生银行的数据（见图 2-10 和图 2-11）。显然，招商银行风控更严格，逾期 90 天以上贷款始终低于不良贷，而民生银行的逾期 90 天以上贷款一直高于不良贷款，直到 2018 年才逆转，不过 2013 年之前，它的逾期 90 天以上贷款是低于不良贷款的。

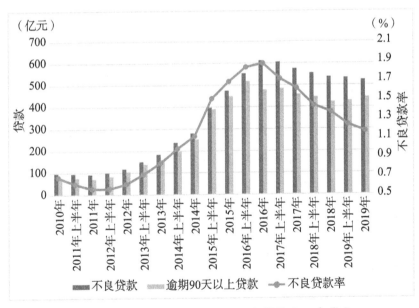

图 2-10　招商银行逾期 90 天以上贷款和不良贷款
资料来源：上市公司财报。

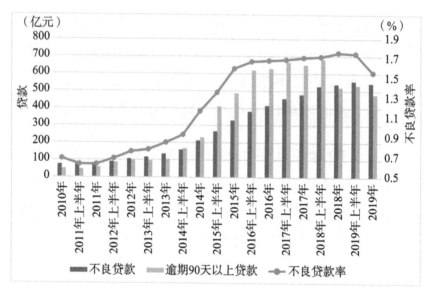

图 2-11　民生银行逾期 90 天以上贷款和不良贷款

资料来源：上市公司财报。

中国银行业已成功跨越与 2008 年美国金融危机同体量的"软金融危机"

以上我分析了中国银行业的不良资产，下面我从过去几年中国上市银行的资产减值损失总额考察中国银行业累积到今天，为应对资产质量恶化一共支付了多少成本和代价。我认为，中国银行业已经成功跨越了一次与 2008 年美国金融危机同体量的"软金融危机"。这里提到了 3 个概念："与 2008 年美国金融危机同体量""软金融危机""成功跨越"，以下我将分别对其进行论述。

与 2008 年美国金融危机同体量

表 2-2 是美国 6 家代表性银行（伯克希尔 – 哈撒韦公司持股

其中 4 家）在 2008 年金融危机中资产减值损失的数据。

表 2-2　美国 6 家银行资产减值损失

（单位：亿美元）

	2007 年	2008 年	2009 年	2010 年	2011 年	2012 年	2013 年	2014 年
美国银行	83.85	268.25	485.7	284.35	134.01	81.69	35.56	22.75
富国银行	49.39	159.79	216.68	157.53	78.99	72.17	23.09	13.95
美国合众银行	7.92	30.96	55.57	43.56	23.43	18.82	13.4	12.29
纽约梅隆银行	-0.11	1.04	3.32	0.11	0.01	-0.8	-0.35	-0.48
摩根大通	68.64	209.79	320.15	166.39	75.74	33.85	2.25	31.39
花旗银行	179.17	347.14	402.62	260.42	123.59	113.29	85.14	74.67
合计	388.86	1 016.97	1 484.04	912.36	435.77	319.02	159.09	154.57

资料来源：上市公司财报。

这 6 家银行的资产减值损失从 2007 年开始增加，2008～2009 年飙升，2010 年开始下降，到 2013 年恢复到正常水平。2007～2012 年，6 家银行一共计提了约 4813 亿美元的资产减值损失，成功跨越了 2008 年金融危机。

根据华尔街日报的报道，截至 2013 年第三季度末，美国 5 家最大的银行（摩根大通、美国银行、花旗银行、富国银行和美国合众银行）资产规模合计 6.46 万亿美元，占美国银行业的 44.2%（纽约梅隆银行体量很小，没有计算在内）。

以此数据为基础，我估算美国银行业在 2008 年金融危机期间整体大约支付了 4813/0.44=10 940（亿美元）的资产减值损失。最终，美国银行业以约 1 万亿美元资产减值损失的代价，跨越了百年不遇的金融危机。

我们再统计一下中国 20 家上市银行计提的资产减值损失，如表 2-3 所示。

统计数据表明，中国 20 家市值最大的上市银行资产质量恶化，资产减值损失大幅增加是从 2013 以后开始的，2013 ～ 2019 年累计计提的资产减值损失 52 558 亿元。这 20 家银行 2018 年贷款规模为 89 万亿元。

根据银保监会公布的数据："2018 年，对实体经济发放的人民币贷款余额为 134.69 万亿元；对实体经济发放的外币贷款折合人民币余额为 2.21 万亿元；委托贷款余额为 12.36 万亿元；信托贷款余额为 7.85 万亿元。"

由此计算得出，2018 年底全国贷款额为 157 万亿元，20 家银行 2018 年贷款规模占比为 89/157=57%，中国 2013 ～ 2019 年共计提了大约 9.6 万亿元资产减值损失。中国金融体系整体为应对不良资产支付的成本已经超过了 2008 年金融危机期间美国银行业支付的成本，这就是我所说的"与 2008 年美国金融危机同体量"的含义。

表 2-3　中国 20 家上市银行计提的资产减值损失

（单位：亿元）

	2006年	2007年	2008年	2009年	2010年	2011年	2012年	2013年	2014年	2015年	2016年	2017年	2018年	2019年
工商银行	322	374	555	232	280	311	337	383	567	870	879	1 278	1 616	1 790
建设银行	192	276	508	255	293	358	400	432	619	936	932	1 274	1 511	1 630
农业银行	280	306	515	401	434	642	542	530	680	842	864	982	1 366	1 386
中国银行	170	83	450	150	130	194	194	235	484	593	891	882	993	1 020
招商银行	37	33	52	30	55	84	56	102	317	593	662	599	608	611
交通银行	76	75	118	109	125	127	152	192	229	289	302	315	435	520
兴业银行	24	17	34	5	23	29	124	182	259	453	513	355	464	581
浦发银行	40	35	37	32	46	75	81	131	242	388	491	553	604	747
平安银行	14	21	73	16	15	21	31	69	150	305	465	429	478	595
中信银行	18	30	64	26	52	72	131	119	237	400	523	558	579	767
民生银行	22	23	65	53	55	84	93	130	211	348	414	341	463	628
光大银行	29	37	63	24	35	37	58	46	102	217	239	206	358	490
宁波银行	1	1	3	4	4	6	11	15	25	38	53	61	72	75
上海银行	9	10	22	11	18	9	11	21	53	78	96	87	153	171
北京银行	7	6	18	7	12	24	39	38	53	92	115	134	174	225
华夏银行	24	35	49	34	42	46	38	37	63	90	139	176	211	302
浙商银行		1	3	4	6	9	10	17	46	75	103	94	130	189
江苏银行		1	10	12	10	23	23	27	47	58	78	99	103	172
渝农商行			1	1	0	8	5	12	23	32	27	37	62	66
南京银行	1	2	5	4	5	7	8	8	32	66	85	53	65	81
合计	1 266	1 362	2 642	1 405	1 635	2 160	2 338	2 718	4 406	6 763	7 785	8 459	10 381	12 046

资料来源：上市公司财报。

"软金融危机"

因为 2008 年美国金融危机中不良资产的暴露过程迅速而猛烈，我将其称为"硬金融危机"，我国银行业遭遇的这轮资产质量恶化危机，我称为"软金融危机"。

美国 6 家银行 2008 年金融危机期间资产减值损失变化如图 2-12 所示。

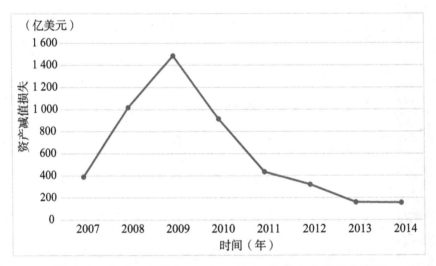

图 2-12　美国 6 家银行 2007 ～ 2014 年资产减值损失变化
资料来源：上市公司财报。

在危机爆发时，美国银行业资产减值损失立即飙升，并于 2009 年见顶后马上快速下降，2011 年回归正常，呈现 A 型走势。这种走势反映出问题快速爆发、快速处理、快速进入常态。整个过程对信心和预期的打击非常大，资本市场出现了大崩溃，矛盾瞬间爆发，银行资产质量快速恶化、快速计提。

图 2-13 是中国 16 家银行资产减值损失变化。

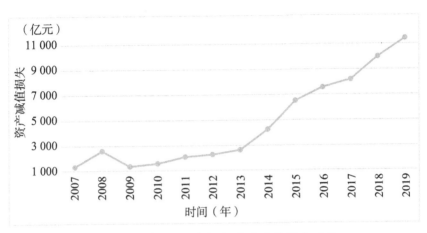

图 2-13　中国 16 家银行资产减值损失变化

资料来源：上市公司财报。

2013 年至今，中国银行业计提的资产减值损失还在上升，由于每年上升的幅度不像美国那么大，所以处理不良资产的时间拉得特别长，不良资产被缓慢释放，资产减值损失逐渐增加，中间没有大起大落，资本市场没有出现大崩溃。中国处理资产质量恶化的方式是以时间换空间，累计成本和美国应对 2008 年金融危机支付的成本相近。

2008 年金融危机后，全球经济学界出现一种观点，认为中国的金融体系中存在着和美国 2008 年金融危机同体量的债务危机，会爆发一次和美国差不多的金融危机。这也是中国资本市场目前银行股估值非常低的原因，投资者为此把银行股的估值压低到正常水平的 40%。

今天回头看，该观点其实对了一半。从 2013 年开始（也可以说从 2011 开始），中国银行业产生的不良资产和资产减值损失已经超过了 1 万亿美元。不过中国解决问题的方式和美国完全不同。目前已经展现出来的事实证明，问题确实是存在的，但化解问题的方法并未如市场和专家所料。**中国以时间换空间，以缓释而非崩溃的方式化解了巨额不良资产和债务危机。**

成功跨越

凭什么说中国已经成功跨越了债务危机呢？证据如表 2-4 和表 2-5 所示。

表 2-4　美国 6 家银行资产减值损失占当年贷款的比例

年份	比例（%）
2007	1.41
2008	2.94
2009	4.73
2010	2.79
2011	1.31
2012	0.95
2013	0.46
合计	14.59

资料来源：上市公司财报。

表 2-5　中国 20 家银行资产减值损失占当年贷款的比例

年份	比例（%）
2012	0.52
2013	0.54
2014	0.79

（续）

年份	比例（%）
2015	1.08
2016	1.10
2017	1.08
2018	1.22
2019	0.90
合计	7.23

资料来源：上市公司财报。

以上两组数据表明，中国银行业计提的资产减值损失虽然超过美国银行业 2008 年金融危机期间计提的资产减值损失，但是美国银行业计提的比例要明显高于中国，也就是说美国银行业的损失率明显高于中国。

在美国，银行贷款、债券和股票三驾马车同时为社会提供资金，银行贷款不超过社会总融资的 50%，而中国银行业贷款占社会总融资的 80% 左右。因此在 2008 年金融危机时，美国所有金融机构的实际损失要高于银行业的 1 万亿美元损失。我主观估算美国金融体系的损失在 2 万亿美元左右，折合人民币约 14 万亿元。

美国 6 家银行收入、利润及资产减值损失如图 2-14 所示，可以看到利润与资产减值损失呈反比：资产减值损失上升，利润下降；当资产减值损失从高位开始下降时，哪怕下降初始资产减值损失金额比较高，但只要下降，利润就增加。事实上，这是银行业的普遍经营规律。

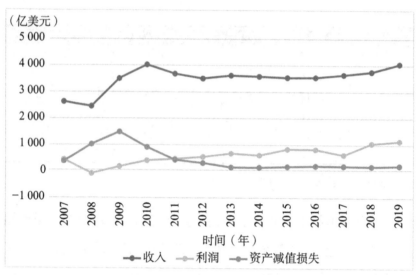

图 2-14 美国 6 家银行数据

资料来源：上市公司财报。

银行跨越资产质量恶化危机的标志是计提的资产减值损失是否达到了最高点，不再增加。一旦达到最高点，无论是高位横盘还是开始下行，资产减值损失都会停止增加，其对利润的不利影响就结束了。

表 2-6 揭示了银行处理不良资产的过程。

表 2-6　银行处理不良资产的过程

	早期	中间阶段一	中间阶段二	末期	结束
新增不良资产（坑）	加速增长	减速增长	维持稳定	开始减少	
资产减值损失（填坑）	低速增长	加速增长	匀速增长	维持稳定	开始下降
未冲销不良资产（没有填完的坑）	扩大增长	保持不变	开始下降	大幅下降	完全冲销
利润	小幅下降	大幅下降	停止下降	开始增长	明显增长

我把处理不良资产的过程比喻成填坑的过程。假设某个地区发生了地震，出现了地陷，形成一个很大的坑，需要填充足够多的泥土，危机才能消除。在填坑过程中，有两个不均匀变化的变量，一个是坑扩大的速度，是不均匀的；另一个是填坑的速度，也是不均匀的。

资产质量恶化的早期，不良资产高速增长，计提资产减值损失的速度比较慢，即填坑的速度跟不上坑继续扩大的速度。随着时间的推移，不良资产还在增加，但增加的速度开始下降，即坑塌陷的速度减慢，但是面积还在扩大。此时填坑的速度开始提高，计提资产减值损失的速度大幅上升，未被填上的坑的面积大体不变或者小幅缩小。

之后进入一个新的阶段，每年新增的不良资产不再增加了，这意味着需要填充的坑不再扩大了。与此同时，计提的资产减值损失比上一年大规模增加，未被填上的坑的面积开始缩小。

末期，每年新增的不良资产规模比上一年减少，与此同时每年计提的资产减值损失维持稳定，因此未填充的坑的面积快速缩小。随着时间推移，坑面积越来越小，需要计提的资产减值损失也开始减少，最终坑被填上。

2015 年是中国银行业的重要转折点。2015 年之前，中国银行业每年新增逾期贷款增速大幅高于计提资产减值损失增速，导致资产减值损失无法足额覆盖逾期贷款，出现了巨额亏空。2015

年，计提资产减值损失增速首次超过了新增逾期贷款增速，这意味着中国银行业已经具备走出困境的条件。

2015 年之后，新增逾期贷款增速开始下降，与此同时计提资产减值损失增速维持在一定水平。

2018 年终于形成了一个具有战略意义的拐点，中国 20 家银行计提资产减值损失大于当年新增逾期贷款，同年消化了历史上资产减值损失计提不足形成的亏空。

2019 年，中国银行业计提资产减值损失大幅超过新增逾期贷款，超出的部分提升了不良贷款拨备覆盖率。

很多人实际上已经看到了中国银行业好转的事实，但是不相信这种好转是可持续的。银保监会已经明确表示，中国信贷投放量要适当高于 GDP 增速。在这种情况下，只要净息差维持稳定，贷款规模增长，银行主营收入必然增长，只要主营收入继续增长，就可以计提足够多的资产减值损失来对冲不良资产。

中国银行业已经计提了 9.6 万亿元的资产减值损失，比美国银行业 2 万亿美元的总损失少一小半，但是美国 2 万亿美元的总损失是整个危机结束后的合计损失。

如图 2-15 所示，现在中国银行业资产减值损失刚达到高点，还没有进入资产减值损失的下降周期，只走完了上升阶段一半的路。在下降阶段银行还会计提大量资产减值损失，这不仅不会导致银行利润减少，反而会促使银行利润增加。

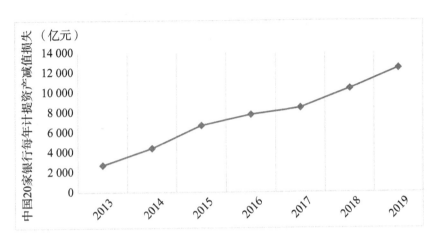

图 2-15　中国银行业资产减值损失
资料来源：上市公司财报。

美国在资产减值损失的最高点来临之前只支付了大约 5000 亿美元损失，现在中国在最高点之前已经支付了 9.6 万亿元，比美国高出 1 倍多，我相信拐点马上就要出现。中国这次资产质量恶化的损失应该不会超过美国在 2008 年金融危机中的损失，拐点有可能马上出现。很难想象拐点出现在 2022 年后，那样每年将要计提损失超万亿元，是违反常识和常理的，逻辑上不成立。

2019 年，中国所有上市银行的主营收入增速平均达到 14.98%（见表 2-7），其中 20 家市值最大的银行合计计提资产减值损失约 12 522.73 亿元（见表 2-8）。之后，这 20 家银行的总利润增长了近 15%。

表 2-7　银行主营收入增速

	主营收入增速（%）					
	2018年	2019年第一季度	2019年上半年	2019年第三季度	2019年	2020年第一季度
国有银行	8.80	13.40	11.08	8.85	7.79	5.23
股份制银行	10.46	24.90	18.95	18.51	15.40	12.51
城商行	15.65	31.47	24.38	21.67	19.66	17.02
加权平均	13.72	25.73	18.94	17.33	14.98	13.23

资料来源：上市公司财报。

表 2-8　20 家银行资产减值损失

	2019 年资产减值损失（亿元）
工商银行	1 789.57
建设银行	1 630.00
农业银行	1 386.05
中国银行	1 019.71
招商银行	610.66
邮储银行	553.84
交通银行	519.54
兴业银行	580.88
浦发银行	747.08
平安银行	584.71
中信银行	766.79
民生银行	628.07
光大银行	489.65
宁波银行	74.61
上海银行	171.49
北京银行	225.47
华夏银行	302.51
浙商银行	189.02
江苏银行	172.16
南京银行	80.92
合计	12 522.73

资料来源：上市公司财报。

假设未来几年中国银行业的主营收入不增加，则中国银行业具备每年计提 1.2/0.57=2.1（万亿元）资产减值损失的能力（20 家银行贷款规模占社会总贷款的 57%），即在每年计提 2.1 万亿元资产减值损失的前提下，中国银行业的利润不会减少。

基于历史数据，我们可以预期未来中国银行业的贷款规模增速在 8% 左右。在 8% 的信贷投放水平下，中国银行业每年可以计提比 2.1 万亿元更多的资产减值损失冲销不良资产。假设中国银行业确实还有 4 万～5 万亿元不良资产需要处理，那么 2 年后中国银行业就可以将这些不良资产消化掉，同时利润不会减少。

银行业是很复杂的，影响它的变量非常多，如政治、经济等，但银行业内在的经营逻辑性和规律性特别强，可预测性也特别强。即使中国银行业不良资产的规模达到 10 万亿元，只要不是瞬间爆发，也可以用 4 年时间在不造成利润减少的前提下化解。中国银行业已经成功跨越了这一轮资产质量恶化导致的债务危机，剩下的只是时间问题，所有重大的不确定性都已经不存在了。

银行业虽然比较复杂，但它的经营其实只受到两个变量的影响，一是收入水平，二是资产质量。收入水平取决于息差和贷款规模，由于贷款规模相对稳定，所以收入水平主要取决于息差。因此，对银行业经营的预判和分析就变成了对息差走向和资产质量变化的研究，其他的要素、变量都是非本质的，有些甚至只是短期的，没有必要纳入研究范围。

持续两年对中国银行业资产质量和息差进行分析后，我进一步发现这两个指标从正反两方面决定了银行业的经营：资产质量恶化对应欠账，收入水平对应还账，两者共同决定银行的经营状态。在这样的逻辑结构下，资产质量相当于出水管，收入水平相当于入水管，水池水增加还是减少，决定于出水管和入水管的流量差。

现在的基本事实是中国银行业的收入水平开始大幅增加，与此同时资产质量恶化的态势已经好转，整个银行业将要发生的变化只能是复苏，这是由银行业的本质经营逻辑决定的。

市场上仍有部分人认为银行业收入的复苏和资产质量的好转是不可持续的，有的人甚至认为银行业资产质量没有好转。当出现一些政策调控，如 LPR（贷款市场报价利率）问题时，处于恐慌、焦虑和不安中的投资者就认为复苏不可持续的证据出现了。这不是研究，这是惊慌失措下的本能反应。

山西省和东北三省银行业的状况

为了印证以上观点，本着谨慎原则我又做了一项工作。芒格曾经说过："如果你想深入研究一家公司，你必须对它最差的状况做出准确的判断，否则你就不能说自己很了解这家公司。"因此，我选择了山西省和东北三省进行分析，其 GDP 增速如表

2-9 所示。山西省是中国经济结构最单一的地区之一，东北三省则因产业结构落后，近几年经济状况不佳。研究落后经济地区银行业的经营特征具有重要意义，我们可以通过局部和整体的关系推算中国银行业在最差状况下的经营态势。

表 2-9 山西省和东北三省 GDP 增速

年份	辽宁省（%）	吉林省（%）	黑龙江省（%）	山西省（%）	全国（%）
2014	5.80	6.50	5.60	4.90	7.30
2015	3.00	6.30	5.70	3.10	6.91
2016	−2.50	6.90	6.10	4.50	6.74
2017	4.20	5.30	6.40	7.10	6.76
2018	5.70	4.50	4.70	6.70	6.60
平均	3.24	5.90	5.70	5.26	6.86

资料来源：作者根据相关资料整理。

山西省银行业分析

表 2-10 是山西省 GDP 和银行业相关数据。

表 2-10 山西省 GDP 和银行业

年份	GDP 增速（%）	银行业		
		利润（亿元）	利润增速（%）	坏账率（%）
2013	8.90	327.7		4.45
2014	4.90	328	0.09	4.6
2015	3.10	301	−8.23	4.8
2016	4.50	264	−12.29	4.5
2017	7.10	335.8	27.20	3.5
2018	6.60	333.62	−0.65	3.04
2019	6.20	420.25	25.97	2.32

资料来源：山西银保监局。

2013～2016年，山西省GDP增速已经先于中国经济出现了明显的衰退，银行业利润出现了负增长，坏账率快速大幅飙升。2015年，山西省GDP增速降为3.10%，银行业利润增速 −8.23%，由正增长转为负增长，坏账率4.8%。2016年，山西省银行业利润增速 −12.29%。2017年，山西省GDP增速回升，银行业利润增速也开始强劲回升。

下面思考一个问题，全国的经济形势比山西省的经济形势更好还是更坏？山西省和全国GDP增速如图2-16和表2-11所示。

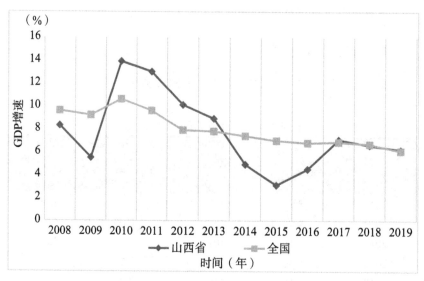

图 2-16　山西省和全国 GDP 增速
资料来源：同花顺 iFinD。

表 2-11 山西省和全国 GDP 增速

年份	山西省（%）	全国（%）
2008	8.30	9.60
2009	5.50	9.20
2010	13.90	10.60
2011	13.00	9.60
2012	10.10	7.90
2013	8.90	7.80
2014	4.90	7.40
2015	3.10	7.00
2016	4.50	6.80
2017	7.10	6.90
2018	6.60	6.70
2019	6.20	6.10

资料来源：同花顺 iFinD。

如图 2-17 所示，山西省的经济特征类似周期性企业，波动大；全国的经济特征类似消费类企业，具有稳定性。山西省经济结构以煤炭电力、资源采掘为主，都属于周期性行业，波动性非常强，稳定性长期不足。

2015 年前后，委内瑞拉、俄罗斯的经济都陷入了严重的困境，为什么新加坡、韩国没有明显衰退？这是因为前者是典型的资源开发型和出口型经济模式，与山西省类似；而后者的经济结构是多样化的，不依赖天然资源，所以具有稳定性。

中国经济总体上是多样化的，波动一定是小于山西省的。所以假设中国出现最差的经济情况，GDP 增速降到 3%，我们也可以得出中国银行业的利润负增长不会超过 -12%，坏账率不会超过 5% 的结论。

特别需要注意的是，山西省银行业在衰退之后并没有长期处于底部，一蹶不振。2019 年底，山西省银行业净利润高出 2016 年净利润 80%。换句话说，在处理不良资产问题之后，山西省银行业的净利润接近翻倍。

我们在山西省银行业的经营数据中，可以清晰地看到随着经济增速下降银行业绩下滑，随之而来的就是强劲的盈利增长和复苏。复苏之后山西省银行业的净利润大幅超过衰退前的最高值，创出历史新高。山西省银行业利润走势如图 2-17 所示，基于类比原理，我们预测中国银行业也会出现类似的走势。

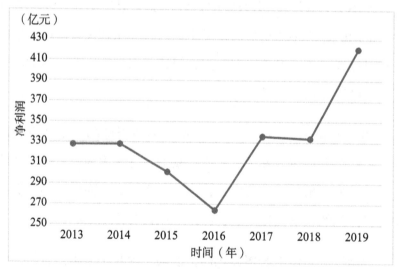

图 2-17　山西省银行业净利润

资料来源：山西银保监局。

为了进一步研究，我分析了晋商银行的数据。晋商银行主要经营数据如表 2-12 所示。

表 2-12 晋商银行主要经营数据

年份	存款余额（亿元）	贷款余额（亿元）	主营收入（亿元）	资产减值损失（亿元）	净利润（亿元）	净利润增速（%）	不良贷款率（%）
2007	149	100.6	4.81		0.5		3.10
2008	176	91	5.97	1.61	0.68	36.00	2.94
2009	287	177	7.84	1.33	1.47	116.18	1.67
2010	426	225	12.29	1.87	2.64	79.59	1.30
2011	567.3	273.6	21.08	3.27	6.1	131.06	1.06
2012	744.7	328.3	29.23	3.83	10	63.93	0.87
2013	890.82	403.88	34.45	3.03	13.2	32.00	0.81
2014	910.78	509.72	43.35	13.06	10.24	−22.42	1.68
2015	1 037.77	651.15	43.94	11.49	10.84	5.86	1.87
2016	1 163.01	685.78	38.68	8.98	10.26	−5.35	
2017	1 361.99	971.9	42.95	12.12	12.27	19.59	1.64
2018	1 431.76	1 016.41	38.65	15.23	13.1	6.76	1.88
2019			43.43	16.62	14.84	13.28	

资料来源：晋商银行年报。

可以看到，晋商银行 2014 年净利润增速为 −22.42%。实际上，当年晋商银行的存贷款余额、主营收入都在增长，净利润负增长是因为计提了坏账和资产减值损失。这些坏账是一次性的，不是持续增加的。如果用两三年时间每年冲销 10 亿元左右的坏账，上一轮经济周期过程中形成的坏账就能基本冲销完毕，晋商银行就会迎来新的增长。

2019 年，晋商银行的主营收入没有明显增长，但是它的净利润以两位数增长，这是因为资产减值损失没有太高的增长。可以预见的是，未来坏账水平得以控制以后，晋商银行的净利润增速会进一步上升。

综合以上的分析，我认为中国银行业不会全行业亏损，资本市场认为中国银行业会出现 50% 的业绩负增长是没有依据的，客观事实不支持这一判断。在这个分析结论之上，目前银行股以合理估值的一半在交易是市场过分悲观了。我认为所有银行股的合理价格都应该比现在的估值水平高出 50% ~ 80%。

东北三省银行业分析

从 GDP 增速来看，东北三省最近几年的经济状况不佳。表 2-13 是东北三省和全国 GDP 增速。

表 2-13 东北三省和全国 GDP 增速

年份	辽宁省（%）	吉林省（%）	黑龙江省（%）	全国（%）
2014	5.80	6.50	5.60	7.30
2015	3.00	6.30	5.70	6.91
2016	−2.50	6.90	6.10	6.74
2017	4.20	5.30	6.40	6.76
2018	5.70	4.50	4.70	6.60
平均	3.24	5.90	5.70	6.86

资料来源：作者根据相关资料整理。

改革开放 40 多年来，辽宁省是中国唯一 GDP 增速出现负增长的省份，吉林省、黑龙江省的 GDP 增速也明显低于全国。东北三省和全国财政收入如表 2-14 所示。

表 2-14　东北三省和全国财政收入

	财政收入（亿元）				
	辽宁省	吉林省	黑龙江省	东北三省	全国
2015 年	2 127.30	1 229.30	1 165.20	4 521.80	152 217
2016 年	2 199.30	1 263.80	1 148.40	4 611.50	159 552
2017 年	2 390.20	1 210.82	1 243.20	4 844.22	172 567
2018 年	2 616.00	1 240.84	1 282.50	5 139.34	183 352
2019 年	2 652.4	1 116.9	1 262.6	5 031.9	190 382
2015～2019 年增速（%）	24.68	-9.14	8.36	11.28	25.07

资料来源：作者根据相关资料整理。

吉林省 2015～2019 年财政收入负增长 9.14%，黑龙江省增长了 8.36%，辽宁省增长了 24.68%。与此同时，全国财政收入增长了 25.07%。基于以上两组数据，可以看到东北三省过去几年的经济发展明显落后于全国，但是东北三省银保监局的数据反映出东北三省银行业净利润已经恢复增长（见表 2-15 和图 2-18）。

表 2-15　东北三省银行业利润

年份	辽宁省		吉林省		黑龙江省		东北三省（亿元）
	净利润（亿元）	不良贷款率（%）	净利润（亿元）	不良贷款率（%）	净利润（亿元）	不良贷款率（%）	
2015	590	2.81	149	1.62	256.2	3.6	995.2
2016	520	2.96	53	1.75	283.1	3.4	856.1
2017	383	3.31	57	2.04	206.4	2.24	646.4
2018	27	4.73	38	2.78	265.5	2.2	330.5
2019	122.3		121		274.9	2.79	518.2

资料来源：东北三省银保监局。

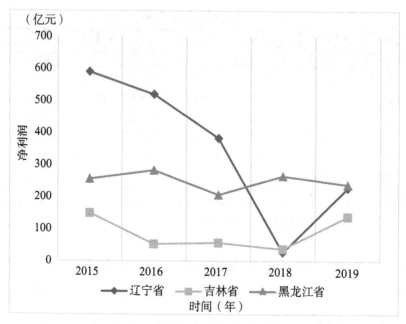

图 2-18　东北三省银行业净利润
资料来源：东北三省银保监局。

以上数据较清晰地反映了如下事实。

过去几年东北三省银行业的净利润都发生了先跌后涨的大幅波动，2019 年明显的回升。辽宁省 2015 年银行业净利润近 600 亿元，2018 年仅 27 亿元，衰退了 95% 以上，到 2019 年明显回升。吉林省同样存在着严重的衰退，2015 年该省银行业净利润近 160 亿元，2018 年仅 38 亿元，衰退了 75% 以上，同样在 2019 年明显回升，且接近 2014 年的水平。相对稳定的黑龙江省银行业也出现了 30% 的净利润负增长。2019 年，辽宁省、吉林省、黑龙江省银行业净利润全部开始快速回升，意味着东北三省银行业已经结束衰退，进入了复苏阶段。

东北三省银行业净利润波动的轨迹再次印证了全球范围内银行业资产质量恶化导致的净利润衰退不是长期的，而是一次性的。一旦不良资产充分暴露，对不良资产的资产减值损失计提完成，银行业净利润就会快速回升到正常水平。

东北三省银行业给了我们一个量化的边界，不良资产对中国银行业净利润的影响不会比东北三省更严重。特别是辽宁省，其GDP 增速出现了负增长（−2.5%）的情况，在如此严峻的经济形势下，辽宁省银行业并没有亏损，只是利润降低到接近于零。吉林省和黑龙江省则提供了 GDP 增速下跌到 5% 以下时银行业的衰退边界，即短期出现了将近 50% 的负增长。

东北三省的数据证明，即便全中国的整体经济恶化到东北三省的程度，银行业的净利润阶段性衰退幅度也不会超过 60%。辽宁省出现 GDP 增速负增长后，该省银行业也没有亏损，这为我们思考中国银行业最坏的情况提供了边界。

为了多角度论证，我还调研了建设银行、交通银行、工商银行、农业银行、招商银行、光大银行、浦发银行 7 家银行披露的东北三省经营情况，如表 2-16 所示。

建设银行正常年景每年可以从东北三省获得 130 亿元左右净利润，但是 2017 年净利润缩水到 24.50 亿元，2018 年进一步下降，仅有 7.82 亿元，下降了 68.08%。2019 年，建设银行净利润飙升到衰退之前的水平，实现了 85.05 亿元盈利，经营已经完全回归正常。

表 2-16　7 家银行业东北三省经营情况

（单位：亿元）

年份	建设银行		交通银行		工商银行		农业银行		招商银行		光大银行		浦发银行		合计	
	主营收入	净利润	主营收入	净利润	主营收入	净利润	主营收入	净利润	主营收入	净利润	主营收入	净利润	主营收入	净利润	主营收入	净利润
2015 年	332.54	124.05	71.33	36.97	312.91	145.33	201.34	70.04	78.76	29.90	47.05	17.22	50.46	18.93	1 094.39	442.44
2016 年	301.47	136.51	73.69	34.80	284.07	131.44	216.26	38.67	64.08	14.36	44.94	15.58	73.91	32.08	1 058.42	403.44
2017 年	279.41	24.50	74.45	24.57	286.85	108.12	211.51	36.62	66.23	15.55	37.45	-5.36	55.03	-5.04	1 010.93	198.96
2018 年上半年	148.33	41.77	34.38	-15.35	138.94	31.67	119.45	20.37	33.25	-8.27	16.17	-3.40	22.88	-13.02	513.40	53.77
2018 年	286.50	7.82	71.20	-39.07	280.68	55.62	200.59	6.81	63.77	-13.20	51.92	0.93	45.85	-22.77	1 000.51	-3.86
2019 年上半年	148.87	64.88	34.42	-5.47	149.63	35.07	106.37	19.15	32.34	24.87	29.37	4.25	24.79	-10.93	525.79	131.82
2019 年	284.73	85.05	66.27	-15.28	299.28	27.43	212.84	9.13	60.07	32.71	66.32	0.19	48.44	3.75	1 037.95	142.98

资料来源：上市公司财报。

交通银行正常年景能从东北三省获得约 35 亿元利润，2018 年却亏了 40 亿元左右，2019 年也亏损了 15.28 亿元。这可能是因为交通银行的资产质量更差一些，但是其亏损幅度的下降反映出交通银行已经跨过了最困难的时期，不过其复苏较为缓慢，没有回到历史正常经营水平，仍然需要靠时间来消化不良资产。

招商银行东北三省净利润 2016 年跌幅约 50%，2017 年在底部徘徊 1 年后，2018 年进一步衰退，出现了 13.20 亿元亏损，2019 年又飙升到 32.71 亿元，超过了历史最高盈利水平。这意味着本质上招商银行已经出清了不良资产，经营完全回归正常。

光大银行正常年景可在东北三省获得 15 亿元以上净利润，2017 年亏损了 5.36 亿元，2018 年开始小幅回升，盈利 0.93 亿元，2019 年净利润 0.19 亿元。光大银行已经渡过了最困难的时期，全面复苏到之前的盈利水平只是时间问题。

特别需要注意的是，7 家银行合计主营收入几乎没有变化，这说明银行业在东北三省的基本业务量是稳定的，只是净利润因为不良资产暴露出现巨幅波动，这点意义重大。因为对于银行来说，主营收入是最重要的源头活水，只要能维持主营收入稳定，资产质量恶化就不是大问题。

对于银行来说，资产质量恶化不可避免，资产质量恶化其实相当于负债大幅增加，需要用更多的资产减值损失来弥补、对冲增加的负债。弥补、对冲负债的钱从哪里来？只能靠稳定的主营收入。银行业资产质量恶化并不可怕，可怕的是在资产质量恶化的情况下，不能维持主营收入稳定，从而丧失弥补和对冲不良资产的能力，形成实质危险。

这是全球范围内银行业的共同特点，资产质量恶化是不可避免的，但只要把它处理掉，净利润就会回升。净利润回升速度的快慢取决于处理坏账的力度，如果一年内快速处理掉坏账，可能造成银行当年亏损，但是次年净利润就能快速回升；如果缓慢释放，花几年时间处理坏账，银行每年的数据就好看一些，但复苏也相对缓慢。

第 3 章

中国银行业资产
质量好转态势不会逆转

在上文中我用大量的数据、事实、逻辑证明了这几年银行业的不良资产基本上已经趋于出清。问题来了！在逻辑上资产质量开始好转，不意味着未来资产质量不会恶化。只有未来这种好转能持续下去，银行业才有投资价值。本章我将证明可预期的未来银行业不会再大规模出现不良资产！

我们要预判未来会不会发生新一轮坏账危机，必须知道什么直接决定坏账的产生。考察这些决定坏账产生的因素，就可以预知银行业未来资产质量的变化。下面将通过数据研究来找到这些因素。

产业结构和商业模式变化是坏账产生的主要原因

中国上市公司中非金融企业和金融企业的净利润增速如表3-1所示。

表 3-1 非金融企业与金融企业的净利润增速

	非金融企业净利润增速（%）	金融企业净利润增速（%）
2007 年	29.00	11.30
2008 年	−24.00	8.00
2009 年	38.00	26.00
2010 年	52.00	32.00
2011 年	9.10	27.00
2012 年	−12.50	14.00
2013 年	13.90	16.00
2014 年	1.34	12.00
2015 年	−18.00	12.00
2016 年	36.00	−7.00
2017 年	37.00	9.00
2018 年	−0.20	1.55
2019 年上半年	−1.20	16.38

资料来源：东方财富。

2008 年、2012 年和 2015 年这 3 年，中国上市公司中非金融企业的净利润都出现了负增长，但只有 2016 年金融企业出现了净利润负增长。这是一个非常重要的问题！我们知道银行业是滞后产业，但为什么在非金融企业净利润明显负增长的情况下，有的年份金融业（主要是银行业）会出现净利润负增长，有的年份不会出现净利润负增长？这个现象说明并不是经济状态减速，银行业就一定会坏账飙升，净利润负增长。

历史数据显示实体经济状态和企业经营状态与银行业资产质量的关系绝不是简单的线性关系，而是一种复杂的关系。有些年份实体经济困难，银行业就会资产质量恶化，净利润下降；有些年份虽然实体经济很困难，企业净利润大幅负增长，但是银行业没有出现资产质量恶化和净利润衰减的情况。

我研究后得出的结论是，银行业资产质量与经济结构的调整、产业升级、商业模式的变革有直接关系，与实体经济状态关系不是特别紧密。

为了揭示实体经济状态与银行业资产质量和银行业净利润变化的内在逻辑关系，我研究了2000年中国银行业资产质量恶化时4家银行的不良贷款率，如表3-2所示。

表3-2　2000年4家银行的不良贷款率

年份	GDP增速（%）	国有企业数量（万）	工商银行不良贷款率（%）	农业银行不良贷款率（%）	民生银行不良贷款率（%）	浦发银行不良贷款率（%）
1996	9.90	11.38				
2000	8.50	5.35	29.41	39.80	4.40	10.70
2001	8.30	4.68	25.75	35.15	4.25	7.57
2002	9.10	4.11	22.47	30.43	2.04	3.38
2003	10.00	3.43	21.56	30.70	1.29	1.92
2004	10.10	3.18	14.32	26.70	1.31	2.45
2005	11.40	—	2.49	26.30	1.21	1.97
2006	12.70	—	3.60	23.43	1.25	1.83
2007	14.20	—	3.20	4.32	1.22	1.46
2008	9.70	—	2.29	2.91	1.20	1.21

资料来源：作者根据相关资料整理。

表中的GDP增速代表实体经济状况，工商银行、农业银行、民生银行、浦发银行则作为同期中国银行业的代表。在数据中能看到两组矛盾。

第一，2000 年前后 GDP 稳定增长，4 家银行不良贷款率却很高。

2000 年工商银行的不良贷款率接近 30%，农业银行更是达到 39.80%，而且这么高的不良贷款率是在 GDP 增速稳定在 10% 左右的水平下出现的。而在 2008 年金融危机发生的时候，美国银行业的不良贷款率都没有超过 5%。

第二，在同样的 GDP 增速、实体经济状态背景下，工商银行和农业银行的不良贷款率高达 30% ～ 40%，而同期民生银行、浦发银行不良贷款率较低，其中新成立的民生银行只有 4.40%。

这是为什么呢？

答案就在表 3-2 中。1996 年，中国的国有企业 11.38 万家，可是 2004 年只有 3.18 万家，减少了约 72.06%。当时国有企业改制席卷全国，很多国有企业作为经营主体破产或改制，基本上都无法偿还债务，因此银行业不良贷款率大幅提高。虽然当时 GDP 增速没有大的变化，但部分国有企业退出了历史舞台，银行业最主要的一部分客户破产了，债务就成了坏账，这就是银行业不良贷款率大增的原因。

民生银行的不良贷款率不高不是因为它的经营能力强，而是它成立之初就定位为主要为需要融资支持的私营企业放贷，它的主要客户不是国有企业，因此这轮所有制变革对民生银行影响不大。浦发银行以上海为根据地，上海是当时国有企业最集中的地区之一，因此浦发银行比民生银行的不良贷款率高。

以上的数据分析证明，银行业不良贷款的规模与当下实体经济状态关系不大，与破产企业的数量直接相关。破产企业数量增加，不良贷款就会增加。在所有制改革时，破产企业数量相对会大幅增加，这会直接导致不良贷款率大幅增加。

除了以上提到的企业所有制变革，技术进步引发的商业模式变革、产业结构升级也有可能使银行业出现大量坏账，如表 3-3和图 3-1 所示。

表 3-3　网购与批发和零售业不良贷款率

年份	网购金额（亿元）	网购增速（%）	网购占社会零售总额比例（%）	批发和零售业不良贷款率（%）	社会零售总额（亿元）
2009	2 300		1.8	4.64	125 343
2010	4 980	116.5	3.2	2.61	154 554
2011	7 849	57.6	4.3	1.53	181 226
2012	12 600	60.5	6.1	2.01	207 167
2013	18 500	46.8	7.9	3.40	234 380
2014	28 000	51.4	10.7	4.61	262 394
2015	38 000	35.7	12.6	6.60	300 931
2016	51 600	35.8	15.5	9.28	332 316
2017	70 000	35.7	19.1	9.75	366 262
2018	90 000	28.6	23.1	9.02	390 000

资料来源：作者根据相关资料整理。

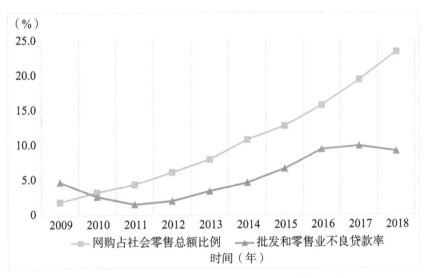

图 3-1　网购规模与批发和零售业不良贷款率

　　之所以这样进行数据的整理和处理，是因为目前批发和零售业是中国坏账率最高的行业之一。由于网购的崛起颠覆了传统线下商业，大量线下实体店无以为继，被迫倒闭退出市场，从而造成银行坏账率大幅提升。

　　大规模坏账的出现总是伴随着产业结构升级。经济结构调整使落后的产能、落后的商业模式被淘汰，在这个过程中，破产企业大规模出现，导致银行业大规模形成坏账。如果产业只是经历一般意义上的经营波动，需求不足，不会出现大规模坏账。此时企业销售利润率可能会有所下降，但不至于清盘，资金链不会立即断裂。

　　著名经济学家熊彼特提出了创造性破坏的概念，他认为总会有新技术、新商业模式颠覆原来的技术和原来的商业模式，这种创造性破坏将推动产业结构升级，升级过程中会"死掉"一批企业，这个时候就会出现坏账问题。

表 3-4 和图 3-2 中的数据是水泥行业产量、行业集中度与不良贷款率。

我们可以看到，2013 年之后全社会的水泥行业产量开始回落，需求不足。在这种情况下，水泥行业的不良贷款率只是小幅下降。这是为什么？答案在表 3-4 的行业集中度（CR10）数据中。

表 3-4　水泥行业产量、行业集中度与不良贷款率

年份	产量（亿吨）	产量增速（%）	CR10（%）	不良贷款率（%）
2009	16.44	15.48	36.00	8.30
2010	18.82	14.47	40.00	4.96
2011	20.99	11.55	45.00	3.32
2012	22.10	4.00	52.00	2.69
2013	24.19	5.27	51.00	2.71
2014	24.92	3.01	52.00	2.82
2015	23.59	−5.33	54.00	2.51
2016	24.10	2.17	57.00	3.77
2017	23.31	−3.30	64.00	
2018	22.36	−4.06	64.00	
2019	23.50	5.10		

资料来源：同花顺 iFinD、工商银行年报。

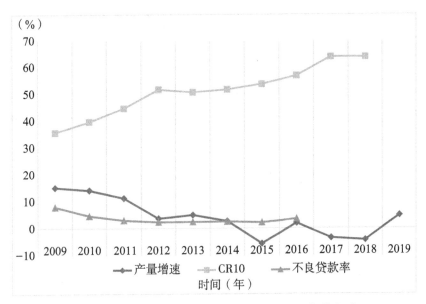

图 3-2　水泥行业产量、行业集中度与不良贷款率

　　2009 ～ 2019 年，水泥行业完成了寡头化。大量小企业被淘汰出局，破产形成坏账。当水泥行业行业集中度大幅提升后，即便行业需求萎缩，寡头企业也不容易在经营波动的过程中陷入严重的困境。所以，水泥行业一方面需求萎缩，另一方面行业集中度较高，企业的抗风险能力提升，没有出现企业破产的情况，从而不会产生大规模的坏账。

　　水泥行业的数据客观证明银行业的贷款安全度与产业结构的关系更大，企业本身的经营状况与当下的经济状态是有关系的，但产业结构本身具有稳定性。

2008 年美国金融危机数据证实银行业不良贷款率直接取决于破产企业数量

一些市场上流行的观点认为，一旦经济有波动，银行业就会马上出现大规模不良贷款。我不同意这种观点。某些研究报告也基于这样的认知，判断 2020 年银行业不良贷款率会暴增。我认为他们没有搞清楚到底什么决定银行业的不良贷款率。

我认为银行业不良贷款率和破产企业数量直接相关，这个观点对预判银行业未来的资产质量十分重要。下面我用 2008 年美国金融危机下欧美银行业不良贷款率和破产企业数量的关系进一步论证。

图 3-3 是 2008 年美国金融危机期间，美国银行业不良贷款率和破产企业数量的对比关系。2008 年美国金融危机发生之前，美国年均破产企业数量 19 695 家；2008 年美国金融危机发生后，美国年均破产企业数量约 6 万家。在这个过程中，美国银行业的不良贷款率同步恶化，不良贷款率和破产企业数量走势几乎重叠，当破产企业数量减少时，不良贷款率同步好转。

英国不是 2008 年美国金融危机地震的中枢，而是受波及方。在危机冲击下，英国破产企业数量从 3770 家增加到 6924 家，与此同时英国银行业不良贷款率同步恶化；之后在破产企业数量下降过程中，不良贷款率好转。英国也和美国一样展现出了银行业不良贷款率和破产企业数量同步变化的趋势（见图 3-4）。

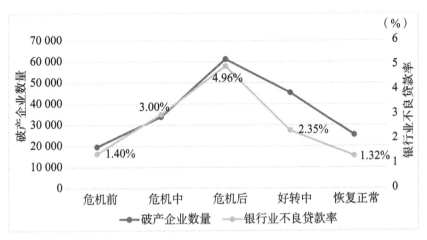

图 3-3　美国银行业不良贷款率和破产企业数量

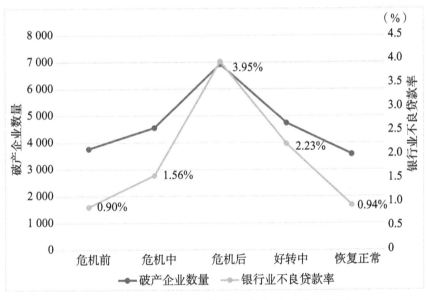

图 3-4　英国银行业不良贷款率和破产企业数量

接着我们再看法国，法国的破产企业数量在 2008 年金融危机前后从 306 家涨到 514 家，银行业不良贷款率从 2.70% 涨到 4.02%，银行业不良贷款率与破产企业数量几乎同比例变化。当破产企业数量减少的时候，不良贷款率自然也下降（见图 3-5）。

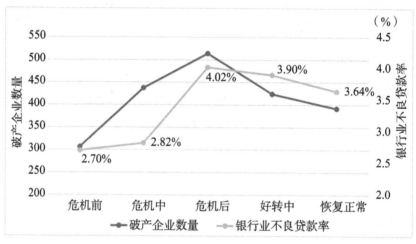

图 3-5　法国银行业不良贷款率和破产企业数量

德国的破产企业数量在 2008 年金融危机前后从 2224 家增加到 3125 家，银行业不良贷款率从 2.70% 涨到 3.30%，银行业不良贷款率和破产企业数量也同比变化（见图 3-6）。

日本的情况也类似，破产企业数量从 1047 家增加到 1537 家，同期银行业不良贷款率从 1.50% 增加到 2.46%（见图 3-7）。

回看 2008 年美国金融危机的主要经济体，银行业不良贷款率都与破产企业数量同步变化。

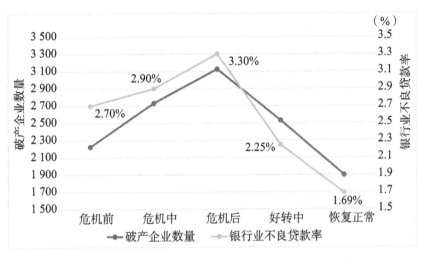

图 3-6　德国银行业不良贷款率和破产企业数量

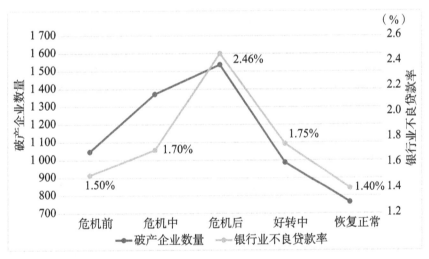

图 3-7　日本银行业不良贷款率和破产企业数量

　　以上案例都证明，实体经济状态和银行业资产质量水平和盈利状况没有直接的逻辑关系。银行业可以在实体经济表现非常好，GDP 高增长的情况下，"创造"出世界级不良贷款率；银行业可以在实体经济恶化、企业利润出现 10% 以上负增长的情况下不大规模出现不良贷款；银行业也可以在实体经济出现大量上市公司净利润两位数负增长的情况下，产生出大量的不良贷款。

2008 年，中国实体企业的净利润增速都出现了大幅度的负增长，但是同期银行业资产质量没有恶化，利润没有负增长。原因是金融危机对经济冲击太大，世界各国都在"救火"，大家顾不上进行结构性改革，都在大规模刺激经济。2010 年之前，全世界主要经济体都先缓解冲击，2010 年之后经济慢慢稳住，各国才进行了产业结构性改革。

受 2008 年美国金融危机的深层次影响，国际市场持续低迷，国内需求增速趋缓，我国部分产业供过于求，矛盾日益凸显：传统制造业产能普遍过剩，特别是钢铁、水泥、电解铝等高消耗、高排放行业尤为突出。

我国提出的供给侧结构性改革有五大任务，包括去产能、去库存、去杠杆、降成本、补短板五大任务，其中去产能是首要任务。煤炭、钢铁等行业的去产能任务完成得很迅速，但同时也出现了很多人员安置和债务问题。被关闭企业的债务问题基本上只能由金融企业来承担，因此我们看到 2015 年银行业资产质量恶化，2016 年银行业净利润负增长。

综上所述，预判银行业未来资产质量是否会恶化，可以转化为预判未来企业会不会大规模破产，再进一步可以转化为分析未来会不会有经济结构性改革，以及技术变革是否会引发商业模式变革。

2015 年前后，中国进行的供给侧结构性改革对历史上重化工经济模式积累的过剩产能快速进行结构升级，一方面让银行业不良贷款增加，另一方面推动了中国经济结构升级。可以认为，2015 年中国已经完成了一轮经济结构升级，基于常识判断，短期内不会有新的结构性改革。

中国互联网经济的崛起始于 2000 年，其对传统经济的冲击已经充分体现。目前，我国已经实现了传统经济和互联网经济的相互依存、相互补充，出现了线下线上结合的良性状态，所以一段时间之内应该不会发生技术变革引发的传统产业衰退。

在这样的预判下，我认为在可预期的未来银行业不会发生大规模的不良贷款率飙升。前几年出现的不良贷款被有效处理后，中国银行业的资产质量会越来越好。

不良贷款率的变化有稳定的趋势性，趋势一旦形成很难改变

欧美部分国家和亚洲四国 2000 ～ 2017 年银行业不良贷款率如图 3-8 和图 3-9 所示。

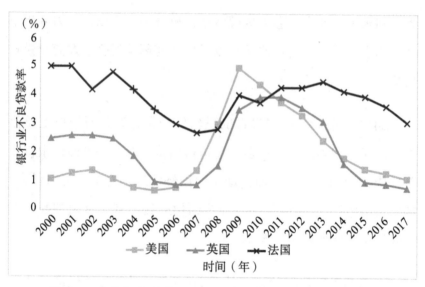

图 3-8　欧美部分国家 2000 ～ 2017 年银行业不良贷款率
资料来源：世界银行。

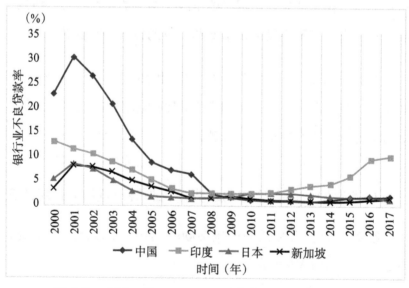

图 3-9　亚洲四国 2000 ～ 2017 年银行业不良贷款率
资料来源：东方财富。

我们可以看到，世界上主要经济体银行业不良贷款率都是周期波动的，而且这种周期波动有明显的趋势性。一旦不良贷款率恶化，就会持续恶化；一旦不良贷款率好转，就会持续好转，中间少有起伏和波折。这种趋势性是银行业的经营特征决定的。

2018 年以来，中国银行业不良贷款率已经进入见顶回落的阶段，缓慢进入下降周期。根据中外主要经济体银行业的历史数据特征可以预测：在可预期的未来，中国银行业的资产质量一定会持续好转，中间的波折不会改变这一趋势。

第 4 章

中国银行业的财报数据是真实的

在前几章中我通过各个角度论证了一个基本事实，中国银行业的资产质量已经从 2015 年开始明显好转，2018 年之后加速好转。与此同时，中国银行业的收入状况也明显进入新的增长。这两个态势相互叠加将推动中国银行业净利润增长，净利润增长必然推动估值水平的提升和股价的上涨。

这个观点的证据几乎全部来自中国上市银行的年报。于是这里出现一个问题，不知道是从什么时候开始，资本市场中有些人认为中国银行业的财报数据是不真实的。我本来对这种拿不出证据的观点并不相信，但是不知道什么原因，这种观点流行起来了。

于是我开始思考，如果中国银行业的数据客观上是真实的，那么一定有足够多的证据能证明，我也一定能找到这些证据。说实话，这个证据很难找，因为这个问题不是具体问题，不容易找到直接证据。为此我思考了很长时间，什么证据和逻辑可以证明中国银行业的数据是真实的，最后我终于想到了银行业的偏离率指标，下面将具体论证。

部分股份制银行对新增逾期贷款的人为控制

5家国有银行、6家股份制银行，以及招商银行和民生银行的新增逾期贷款率如表4-1和图4-1所示。

表 4-1 新增逾期贷款率

	2015年新增逾期贷款率（%）	2019年新增逾期贷款率（%）	下降幅度（%）
5家国有银行	1.84	0.93	49.46
6家股份制银行	2.71	1.68	38.01
招商银行	2.40	0.87	63.75
民生银行	3.13	1.33	57.51

资料来源：上市公司财报。

将招商银行和民生银行进行对比，可以发现一个极为奇怪的现象。2015年，民生银行新增逾期贷款率是几大银行中最高的，一度超过了3%。这意味着民生银行的资产质量在2015年较差。但是奇怪的是，随着时间的推移，民生银行的新增逾期贷款率表现持续改善，到2019年上半年新增逾期贷款率已经低于6家股份制银行。

扩大统计区间后还可以发现，同期中信银行、光大银行、浦发银行新增逾期贷款率的变化态势与整个银行业的变化态势是相反的。在整个银行业资产质量好转，新增逾期贷款率下降的大背景下，它们的新增逾期贷款率没有下降。

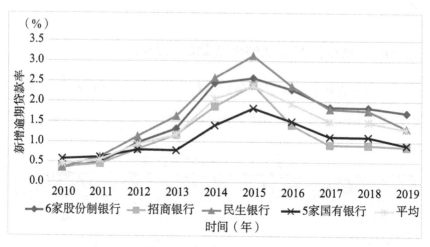

图 4-1　新增逾期贷款率
资料来源：上市公司财报。

　　为此我专门与某家银行的董事会秘书进行了沟通。他非常坦诚地告诉我，银行的经营者可以控制新增逾期贷款爆发的时间和规模，可以通过借新还旧等经营操作控制什么时候新增逾期贷款增加，什么时候新增逾期贷款减少。如果银行向某些还不起利息的贷款客户提供贷款，让其借新还旧，银行的报表上就不会出现大量新增逾期贷款。银行也可以通过减少借新还旧的操作，让逾期贷款暴露出来。实际上，浦发银行、光大银行、中信银行都在通过经营策略（借新还旧、过桥贷款等方式）控制新增逾期贷款的出现，以时间换空间的方式解决资产质量恶化。

　　新增逾期贷款率提高并不能说明实体经济正在恶化，而是对原来存在的问题进行了一个暴露的管控。比如一些制造业、采矿业企业的新增逾期贷款率很高，是因为银行不再给它们贷款了，它们无法再借新还旧，于是逾期贷款就会增加。如果继续给这些企业增加贷款，表面上看贷款余额上升，不良贷款率下降，但这样只是数据好看，其实问题更严重。在这种情况下，将逾期贷款暴露出来其实是在夯实银行的资产质量。

民生银行 2015 年新增逾期贷款增加，2018 年后反而新增逾期贷款不多，是因为它在 2015 年前后没有采取上述方法控制新增逾期贷款的出现，在自然状态下逾期贷款集中爆发，一次性都把所有问题暴露出来了，然后每年化解一点，到 2018 年后化解趋于完成。此时，控制新增逾期贷款爆发的浦发银行、中信银行、光大银行还没有处理完不良资产。

到此，实际上我们已经发现了两种银行跨越资产质量恶化阶段的方式，一是控制新增逾期贷款的出现，以时间换空间，报表不难看，但需要延长调整时间；二是让新增逾期贷款自然集中爆发，导致部分年份财务数据非常难看，市场情绪通常会因此非常焦虑、悲观。但是这种一次性爆发的银行最后能提前上岸，提前脱困，而那些缓释的银行还得等个一年半载。一次性爆发的银行存在的问题可能并不比缓慢释放的银行问题更严重，但在财务报表上来看一次性释放问题的银行表现更差，市场估值也更低（见表 4-2）。

表 4-2　部分银行数据对比

	2010 年底到 2019 年上半年累计新增逾期贷款（亿元）	累计新增逾期贷款占同期平均贷款规模比例（%）	2019 年上半年拨备覆盖率（%）	2018 年净利润增速（%）	A 股市盈率	H 股市盈率
民生银行	3 491	16.96	142.27	1.03	4.07	3.90
光大银行	2 819	18.17	178.04	6.70	4.85	4.29
浦发银行	3 264	14.02	156.51	3.05	5.34	
华夏银行	1 572	14.70	144.83	5.22	5.47	
中信银行	3 423	13.95	165.17	4.57	4.87	3.84

为什么民生银行不控制自己的新增逾期贷款的爆发，使自己走上和大部分银行一样的以时间换空间之路呢？经过思考分析，我找到了问题的答案，就在表 4-3 里。

表 4-3　小微企业贷款

| 年份 | 民生银行 | | 浦发银行 | | 中信银行 | |
	贷款余额（亿元）	占比（%）	贷款余额（亿元）	占比（%）	贷款余额（亿元）	占比（%）
2011	2 324.95	19.29	777.17	5.84	571.76	3.99
2012	3 174.70	22.93	1 006.99	6.52	858.68	5.16
2013	4 088.91	25.97	1 227.53	6.95	977.67	5.04
2014	4 101.39	22.68	1 364.39	6.73	1 089.27	4.98
2015	3 781.77	18.47	1 444.69	6.43	1 057.70	4.18
2016	3 350.74	13.61	1 575.38	5.70	1 119.49	3.89
2017	3 732.62	13.31	1 872.09	5.86	1 936.49	6.06
2018	4 155.64	13.59	2 404.04	6.77	1 947.37	5.40
2019	4 445.60	12.75	2 746.06	6.91	2 271.02	5.68

资料来源：上市公司财报。

银行的年报中有个人贷款项目，在个人贷款项目下有小微企业贷款。2013 年，民生银行小微企业贷款占总贷款规模的25.97%。2014 年，民生银行有 4101.39 亿元资金贷给了小微企业，有接近 300 万小微企业客户，平均每个小微企业的信贷规模约 13.67 万。这导致民生银行没有办法用借新还旧的方式控制它的新增逾期贷款。在现实层面，只有客户是大中型企业，银行才可以通过借新还旧等多种策略，延后新增逾期贷款出现的时间。

如果几百万个小微企业，每个小微企业只借 10 万元的时候，是没有办法用操作来延缓逾期的爆发。这就是民生银行突然爆发巨额新增逾期贷款的深层次原因，更是民生银行无法走出以时间换空间、人为控制爆发的缓释之路的原因。在中国的大中型银行中，以服务小微企业为战略的银行只有民生银行一家，服务小微企业的业务模式导致民生银行无法通过控制新增逾期贷款来缓释不良资产的释放。集中释放让民生银行的矛盾较早充分暴露了。

以时间换空间缓慢释放不良资产的基本方法

由于国有银行和绝大部分股份制银行的新增逾期贷款都开始减少，只有少数几家股份制银行新增逾期贷款还处在高位，所以整体上看我国银行业新增逾期贷款的真实性较高。虽然这种真实性对每家银行来说不是 100%，但不存在整个行业控制新增逾期贷款，使新增逾期贷款数据失真的情况。

如果实在没有办法控制新增逾期贷款，银行还可以对其视而不见，不把其计入不良贷款。银行不认定大幅增加的逾期贷款为不良贷款，就不需要大幅计提资产减值损失，利润就会不受影响，但是进行这种操作会被有心的投资者发现。

在进行这种操作之后，一个不出现在财务报表中的银行独有的财务指标——不良贷款偏离率指标会恶化。不良贷款偏离率＝逾期90天以上贷款额／不良贷款。不良贷款偏离率越高越说明银行认定逾期贷款为不良贷款的比例越低，不良贷款的真实性越差。中国主要上市银行的不良贷款偏离率如表4-4、表4-5和图4-2所示。

表 4-4　股份制银行不良贷款偏离率

	不良贷款偏离率（%）							
	光大银行	中信银行	兴业银行	平安银行	浦发银行	华夏银行	招商银行	民生银行
2010 年	95.82	86.65	87.50	83.23	72.31	59.47	80.16	67.69
2011 年上半年	94.28	83.63	100.25	95.64	99.41	53.33	80.79	63.52
2011 年	84.55	65.58	96.50	83.37	85.72	61.27	78.11	75.49
2012 年上半年	92.68	78.70	109.71	124.50	110.72	81.16	83.60	95.84
2012 年	91.53	79.82	87.02	141.60	129.17	79.62	89.05	94.22
2013 年上半年	89.92	100.78	93.39	198.82	151.62	108.78	91.95	82.86
2013 年	84.81	101.00	80.66	221.62	146.22	100.26	87.16	77.95
2014 年上半年	104.89	113.38	97.83	264.96	141.12	123.59	83.18	104.82
2014 年	119.42	115.66	93.03	279.00	150.28	102.98	90.35	108.76
2015 年上半年	146.53	123.72	150.19	269.92	179.95	220.85	98.27	155.06
2015 年	144.30	105.14	103.82	192.83	129.42	199.63	94.86	148.36
2016 年上半年	147.72	135.16	121.60	186.72	130.99	251.22	93.73	162.62
2016 年	124.43	118.80	78.67	157.70	120.54	225.21	78.32	151.37
2017 年上半年	111.03	127.57	87.56	154.09	105.24	248.27	80.16	145.75
2017 年	103.40	109.38	64.11	142.95	86.47	190.94	79.59	135.86

（续）

	不良贷款偏离率（%）							
	光大银行	中信银行	兴业银行	平安银行	浦发银行	华夏银行	招商银行	民生银行
2018 年上半年	89.80	93.92	76.59	124.31	89.05	198.74	80.39	129.91
2018 年	84.06	92.41	78.88	97.32	84.61	147.12	78.86	96.65
2019 年上半年	88.69	88.77	82.59	93.86	80.41	95.57	80.37	95.48
2019 年	80.33	75.84	78.65	82.10	64.00	86.31	85.06	88.00

资料来源：上市公司财报。

表 4-5　国有银行不良贷款偏离率

	不良贷款偏离率（%）				
	农业银行	建设银行	交通银行	中国银行	工商银行
2010 年	58.23	58.25	65.22	59.30	87.86
2011 年上半年	60.77	56.55	74.22	55.09	85.43
2011 年	57.67	49.68	69.26	60.70	79.46
2012 年上半年	60.40	74.14	61.31	71.34	82.60
2012 年	66.86	70.40	75.85	68.87	83.27
2013 年上半年	72.30	79.28	86.54	78.21	84.65
2013 年	74.35	72.47	92.73	73.29	85.14
2014 年上半年	75.65	73.99	101.11	75.30	90.20
2014 年	74.96	69.90	103.75	67.21	92.51
2015 年上半年	91.52	86.25	141.55	81.74	94.71
2015 年	85.02	61.99	162.66	81.44	90.69
2016 年上半年	90.71	81.49	139.14	81.84	96.74
2016 年	84.69	68.23	139.07	76.92	92.07
2017 年上半年	84.85	67.67	125.73	90.68	90.46
2017 年	68.52	58.50	112.17	82.97	80.94
2018 年上半年	72.70	65.55	91.05	80.66	78.98
2018 年	65.04	59.97	87.32	80.98	76.05
2019 年上半年	65.54	67.18	86.44	73.60	78.37
2019 年	59.76	58.51	78.93	55.99	77.08

资料来源：上市公司财报。

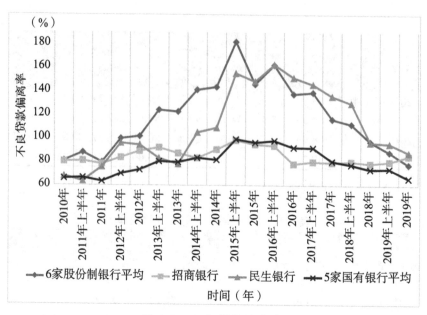

图 4-2　不良贷款偏离率

资料来源：上市公司财报。

如图 4-2 所示，5 家国有银行平均和招商银行 2010～2019 年不良贷款偏离率小于 1，即逾期 90 天以上贷款 100% 计入不良贷款。这意味着它们在 2010～2019 年资产质量恶化的背景下，没有放大不良贷款认定标准以美化报表。它们的不良资产的真实性和整个财务报表的真实性是可信赖的。

放大不良贷款偏离率是一个不违法、不违规、不暴露不良资产，增加利润的手法。就此可以推断，5 家国有银行和招商银行更不会使用非法的手段美化财务报表。因此，5 家国有银行和招商银行的报表数据是真实可信的，这几家银行又率先走出困境，走上新经营发展之路的结果是真实的。

大部分股份制银行在 2014 ～ 2017 年通过放大不良贷款偏离率来美化财务报表。当不良贷款偏离率超过 100% 时，银行盈利状况是不真实的，没有把逾期 90 天以上贷款计入不良贷款。

因此，可以说大部分股份制银行 2014 ～ 2017 年的盈利数据整体都是偏于不真实的。有几家银行的不良贷款偏离率甚至高达 200% 以上，如平安银行和华夏银行。如此高的不良贷款偏离率意味着银行不良贷款认定标准宽松，净利润也是不真实的。

表 4-6 是部分股份制银行 2010 ～ 2019 年不良贷款偏离率最高的年份，按 100% 不良贷款偏离率还原的净利润和净利润增速，还原后净利润增速除招商银行和兴业银行都大幅下跌了！华夏银行净利润负增长了 130.72%，已经亏损了！股份制银行还原后净利润增速平均负增长大约为 40.33%。

2018 年，所有银行的不良贷款偏离率都小于 100%，说明当时所有银行都将逾期 90 天以上贷款全部计入不良贷款，不良贷款的真实性大幅提高了。这是由于中国银保监会发布了一条政策，要求银行必须把逾期 90 天以上贷款全额计入不良贷款，这一政策使通过提高不良贷款偏离率来美化报表无法实现了。银行业的收入数据无法造假，成本数据非常稳定，当放大不良贷款偏离率这条路被堵死，且少有用借新还旧控制新增逾期贷款后，银行业已经没有调整财务报表的方式了。

表 4-6　还原后净利润和净利润增速

年份	不良贷款偏离率（%）	净利润（亿元）	上年净利润（亿元）	不良贷款（亿元）	逾期 90 天以上贷款（亿元）	影响净利润（亿元）	还原后净利润（亿元）	还原后净利润增速（%）
招商银行	2015	94.86	576.96	560.49	474.10	449.72	-24.38	601.34	7.29
民生银行	2016	151.37	478.43	461.11	414.35	627.21	212.86	265.57	-42.41
兴业银行	2015	103.82	502.07	471.38	259.83	269.75	9.92	492.15	4.41
光大银行	2015	144.30	295.28	288.83	243.75	351.72	107.97	187.31	-35.15
中信银行	2016	118.80	416.29	411.58	485.80	577.11	91.31	324.98	-21.04
华夏银行	2016	225.21	196.77	188.83	203.48	458.26	254.78	-58.01	-130.72
平安银行	2014	279.00	198.02	152.31	105.01	292.98	187.97	10.05	-93.40
浦发银行	2014	150.28	470.30	409.20	215.85	324.38	108.53	361.77	-11.59

资料来源：上市公司财报。

综上所述，中国银行业目前不存在市场上流传的数据失真的情况。我立足上市银行的财务报表做出的论证和结论是可信赖的。

我曾与一位在大型国有银行从事管理工作的朋友进行交流，他是这样说的："中国的所有大型国有银行和部分股份制银行都实现了 A 股、H 股两地上市，在 A 股上市使用的是中国会计标准，在 H 股上市使用的是国际会计学标准。两地上市的特点决定了中国银行业披露的财报数据是经过两套会计标准审核的。面向 H 股投资者的财务报表，需要请国际会计师事务所和国际审计师事务所把关，在国内可以请本土会计师事务所。如果这些报表有问题，那么国际投资者肯定会在发现报表中的问题后提起诉讼，但事实是在中国银行业 A 股和 H 股上市的 10 多年时间里，迄今为止从没有发生一次诉讼案例！"

他的话使我更加坚信自己的观点，中国上市银行的财务报表是真实可信的。

锦州银行数据进一步证明银行业财务数据真实性

有一种说法是熊市往往在大型金融机构破产后才见底；行业调整有没有结束，有没有大型企业破产是重要的观察窗口。

中国银行业本轮资产质量下降始于 2012 年，到 2019 年已有七年了。在持续的调整过程中，中国银行业目前已经有两家规模接近一万亿元的银行技术性破产，分别是内蒙古包商银行和东北锦州银行。

其中锦州银行在香港 H 股上市。锦州银行是上市公司，采取了股东置换的方式，有国资背景的企业收购锦州银行老股东股份（不包括股票市场的流通股），收购后锦州银行老股东退出，新股东重组锦州银行。锦州银行新管理层上任后，第一时间把锦州银行所有存在的问题快速曝光，把上届管理层经营期间形成的不良资产全部公开，并发布了锦州银行巨亏的财务报告。我认为这份财务报告一定不会掩盖问题，必定是真实的。锦州银行给我们观察银行业数据真实性提供了极好的契机。

根据公开的数据可知，锦州银行的累计不良贷款率大体在 15% 左右。由此可以推断没有破产的其他上市银行的累计不良贷款率不会超过 15%。

根据中国主要上市银行年报数据推算，中国上市银行计提的资产减值损失在 2012 ～ 2019 年已经累计达到了信贷规模的 8% 左右。基于常识可以得出结论，在中国银行业累计计提资产减值损失超过信贷规模的 10% 情况下，本轮资产质量问题就大体暴露完了。

中国主要上市银行资产减值损失如表 4-7 所示。

表 4-7　中国主要银行资产减值损失

年份	资产减值损失 （亿元）	信贷规模 （亿元）	资产减值损失占信贷 规模比例（%）
2012	2 295.18	435 188.31	0.53
2013	2 649.46	491 881.67	0.54
2014	4 270.16	549 741.65	0.78
2015	6 518.67	606 935.59	1.07
2016	7 566.71	680 755.83	1.11
2017	8 194.98	753 451.27	1.09
2018	9 997.29	830 435.85	1.20
2019	11 436.22	922 943.04	1.24
合计	52 928.67		
平均		658 916.65	7.56

资料来源：上市公司财报。

以上数据分析从各个角度证明了中国银行业的财务数据是真实的。

第 5 章

通过招商银行揭示中国银行业整体复苏的路径和原理

世界是辩证的，没有一种方法是只有利而无弊的，没有一种方法是没有缺陷的。避免某种方法内在缺陷的方法，就是强化这个方法的有效性。

市盈率的高低不是主要由基本面决定的，而是主要由人对基本面的看法决定的。

招商银行率先复苏的原因

我已从多个角度论证了中国银行业的资产质量已经持续好转。无论是中国银行业的历年财务指数据，还是山西、东北三省这两个经济状况比较困难地区的银行业经营状态出现复苏，都共同指向了一个事实，那就是中国银行业的资产质量已经开始好转，经营状态开始复苏！

实际上还有一个事实也是中国银行业资产质量好转，经营状态复苏的强有力证据，这就是本章要介绍的招商银行的率先复苏。作为中国 16 家较大上市银行之一的招商银行，在本轮中国银行业资产质量恶化，估值水平大幅下跌的背景下，从 2016 年开始资产质量、风险拨备、净利润数据都先于行业率先走向复苏。与此同时，资本市场上招商银行的估值水平和股价水平也明显不同于行业水平，走出了估值修复和股价大幅回升。

招商银行基本面和股价估值双复苏的客观事实给理性的投资者提供了一个观察窗口也提出了一个问题：为什么招商银行能够率先复苏？

银行业的竞争是同质化竞争（市场普遍认为银行业是非同质化竞争，这是不正确的）。银行业的存款利率和航空公司的机票相反，存款利率谁家高，储户一般就会存到那家银行，贷款利率则相反。在同质化的情况下，一家银行能够率先脱困必定依托于行业整体复苏的态势，只不过该银行本身也有一些经营优势，所以能率先走出困境。这实际上也是行业复苏和好转的证据和预示。招商银行部分基本面数据如表 5-1 所示。

表 5-1　招商银行部分基本面数据

	拨备覆盖率（%）	每股收益（元）	不良贷款率（%）	逾期贷款率（%）	收入（亿元）	利息净收入（亿元）
2017 年初	180.02	2.46	1.87	2.14	2 090.25	1 345.95
2019 年 4 月	358.18	3.13	1.36	1.58	2 485.55	1 603.84
涨幅（%）	98.97	27.24	−27.27	−26.17	18.91	19.16

资料来源：上市公司财报。

2017～2019年，招商银行基本经营指标发生了质的变化。与2017年相比，2019年拨备覆盖率增长了近1倍，代表资产质量的不良贷款率、逾期贷款率明显大幅下降，同时收入指标和利润指标明显上升。伴随着招商银行资产质量的好转、风险补偿能力的提升，随之同步出现的是估值水平的回升。同期，招商银行的估值增长了143.11%，股价增长了191.25%（见表5-2）。

表5-2　招商银行估值和股价

	估值（市盈率）	股价（元／股）
2017年初	4.5	12
2019年4月	10.94	34.95
涨幅（%）	143.11	191.25

资料来源：上市公司财报。

在中国银行业经营状态没有明显强劲复苏（有逐步复苏的态势和迹象）的情况下，招商银行的经营数据强劲极速回升。伴随着这种强劲的回升，在所有上市银行的估值水平都处于历史较低水平的情况下，招商银行的估值出现了明显的修复，股价也涨了近两倍。

是什么原因使招商银行一枝独秀，走出完全独立于行业表现的个性化走势（无论是基本面还是股价）？资本市场的研究者和大部分投资者认为，招商银行这种独一无二的复苏走势源于招商银行管理层的能力优势，是由于招商银行独有的竞争优势和能力优势，那些相比于招商银行没有竞争优势的银行不可能发生估值修复。该主流观点被普遍接受。

　　我从始至终不同意该观点，我认为招商银行是春天里第一棵发嫩芽的树。在每年冬天结束春天到来时，总有第一片发芽的树叶。这片率先发芽的树叶预示着气温发生了根本的变化，春天来了，随后其他树叶将陆续发芽。同理，招商银行先行复苏恰恰是整个行业复苏的先行预示。

　　如果行业整体没有提供复苏的条件，招商银行无法凭借自身能力复苏。招商银行体制好，率先感受到春天的气息，之后中国银行业全行业将沿着招商银行走过的经营复苏和估值修复的路径，次第复苏并完成估值修复。

　　为证明这一观点是正确的，需要知道招商银行率先脱困的具体原因。是因为招商银行在这一轮中国银行业资产质量恶化的过程中，资产质量并没有发生严重的恶化？还是因为招商银行处置不良资产的能力比较强，快速处理完后率先脱困？抑或是其他别的原因？

招商银行资产质量与行业同步恶化

　　招商银行的资产质量并不是没有恶化。通过统计 2010 ～ 2019 年中国市值最大的大型银行的累计新增逾期贷款，对数据进行比较后我发现，招商银行形成的累计新增逾期贷款和其他银行没有大的差别。中国主要大型银行 2010 ～ 2019 年的累计新增逾期贷款等数据如表 5-3 所示。

表 5-3 新增逾期贷款

	2010～2019年累计新增逾期贷款（亿元）	2010～2019年平均贷款规模（亿元）	累计新增逾期贷款占平均贷款规模比例（%）
平安银行	3 019.75	12 337.74	24.48
光大银行	3 007.00	15 633.25	19.23
民生银行	3 731.75	20 888.65	17.86
华夏银行	1 689.45	10 788.75	15.66
浦发银行	3 590.91	23 542.57	15.25
中信银行	4 731.83	24 700.26	19.16
兴业银行	2 528.01	18 682.41	13.53
招商银行	3 233.64	27 762.70	11.65
8 家股份制银行平均	3 191.54	19 292.04	16.54
工商银行	14 473.73	115 736.78	12.51
农业银行	10 685.69	86 962.02	12.29
交通银行	4 321.99	36 884.46	11.72
中国银行	9 603.70	88 044.13	10.91
建设银行	8 670.42	101 693.92	8.53
5 家国有银行平均	9 551.11	85 864.26	11.12

资料来源：上市公司财报。

我在前文中已经论证过，最能客观揭示银行业真实资产质量变化的数据是当年新增逾期贷款。把各个银行 2010～2019 年每年新增逾期贷款累加起来所得的数据，大体上就是本轮中国银行业资产质量恶化周期各个银行实际形成的不良资产。

可以看到，招商银行 2010～2019 年累计新增了逾期贷款 3233.64 亿元，占同期平均贷款规模的比例达到了 11.65%，比 5

家国有银行的平均水平要高。也就是说，招商银行资产质量恶化的程度是高于国有银行的。8 家股份制银行 2010 ~ 2019 年累计新增逾期贷款占平均贷款规模的比例平均达到了 16.54%，招商银行的资产质量要比股份制银行平均水平好，但是比不上国有银行。

还有两个指标也可以非常客观地揭示 2010 ~ 2019 年各银行资产质量恶化的程度，即 2019 年相对于 2010 年逾期贷款额和不良贷款额的增长幅度。增长幅度大说明资产质量恶化的严重，增长幅度小资产质量恶化的程度小。中国主要大型银行 2010 ~ 2019 年逾期贷款和不良贷款涨幅如图 5-1 和图 5-2 所示。

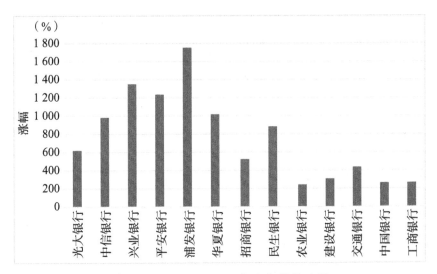

图 5-1　2010 ~ 2019 年逾期贷款涨幅

资料来源：上市公司财报。

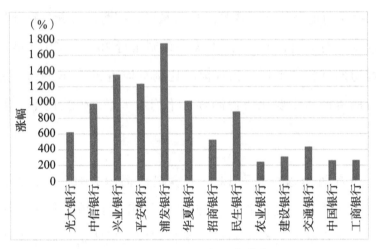

图 5-2　2010～2019 年不良贷款涨幅
资料来源：上市公司财报。

从逾期贷款和不良贷款 2019 年相对于 2010 年的涨幅看，招商银行比国有银行的资产质量恶化得严重，比股份制银行稍好。由此可以得出一个结论，在客观层面，招商银行并不是 2010～2019 年没有发生资产质量恶化，招商银行的资产质量其实和行业是同步恶化的，只是恶化程度好于股份制银行，严重于国有银行。

招商银行与行业经营指标恶化趋势相同

还有一组能证明招商银行和行业资产质量同步恶化的指标，即拨备覆盖率和不良贷款率。我把中国主要上市银行和招商银行的拨备覆盖率、不良贷款率进行对比，发现 2016 年之前招商银行这两个指标和中国主要上市银行指标完全同步变化甚至数值都差不多。中国主要上市银行和招商银行的拨备覆盖率如

图 5-3 所示。

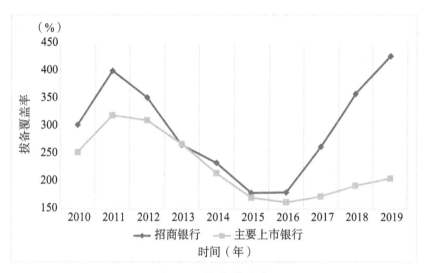

图 5-3　拨备覆盖率

资料来源：上市公司财报。

2016 年前，招商银行的拨备覆盖率和行业是同步的，差异出现在 2016 年之后。2016 年后，招商银行的拨备覆盖率快速上升，大幅超越行业水平。

中国主要上市银行和招商银行的不良贷款率如图 5-4 所示。

2016 年前，招商银行与行业不良贷款率的变化趋同，到了 2016 年之后，开始以更快的速度下降。

招商银行和行业拨备覆盖率和不良贷款率数据的比较证明，招商银行在 2016 年之前是和行业同步资产质量恶化的，恶化的趋势、幅度大体上和行业相同。也就是说，招商银行并不是因为资产质量没有恶化，所以率先经营复苏，估值修复。进一步追问，是什么原因让招商银行在资产质量和行业同步变化的情况下，能够率先资产质量好转、经营好转、估值修复呢？

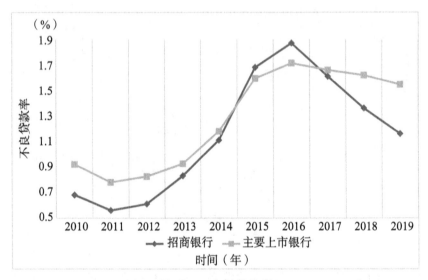

图 5-4　不良贷款率

资料来源：上市公司财报。

通过大量数据分析，我找到了答案：招商银行充沛的主营收入增长提供了对冲新增不良贷款的充足资金，推动招商银行率先资产质量好转、经营好转、估值修复。

如表 5-4 所示，除了招商银行之外，工商银行和民生银行都遭遇过主营收入负增长，而且民生银行的负增长幅度比工商银行高。2013 ～ 2019 年，招商银行主营收入增长了 103.39%，工商银行为 45.03%，民生银行为 55.71%。

表 5-4　招商银行、工商银行、民生银行主营收入

年份	招商银行			工商银行			民生银行		
	主营收入（亿元）	利息净收入（亿元）	主营收入增速（%）	主营收入（亿元）	利息净收入（亿元）	主营收入增速（%）	主营收入（亿元）	利息净收入（亿元）	主营收入增速（%）
2013	1 326.04	989.13	16.97	5 896.37	4 433.35	9.81	1 158.86	830.33	12.39
2014	1 658.63	1 120.00	25.08	6 588.92	4 935.22	11.75	1 354.69	921.36	16.90
2015	2 014.71	1 333.19	21.47	6 976.47	5 078.67	5.88	1 544.25	942.68	13.99
2016	2 097.20	1 302.63	4.09	6 758.91	4 718.46	-3.12	1 552.11	946.84	0.51
2017	2 208.97	1 448.52	5.33	7 265.02	5 220.78	7.49	1 442.81	865.52	-7.04
2018	2 485.55	1 603.84	12.52	7 737.89	5 725.18	6.51	1 567.69	766.80	8.66
2019	2 697.03	1 730.90	8.51	8 551.64	6 069.26	10.52	1 804.41	979.43	15.10

资料来源：上市公司财报。

这种主营收入增速的明显差异最终转化为风险对冲能力的差异。招商银行凭借着主营收入的明显增长，大规模计提了资产减值损失，快速地在短时间内消化对冲了不良贷款，于是迅速地走出了危机。这并不是因为招商银行产生的不良贷款少，而是它冲销不良贷款的能力强。

招商银行 2013 ～ 2019 年计提的资产减值损失平均占比为1.53%，工商银行为 0.80%，也就是说招商银行计提的更多。招商银行欠的外债比工商银行多一些，但是招商银行维持收入增长能力强，主营收入增长能力强，现金流入能力强，所以招商银行可以核销大量的不良资产。

招商银行在资产质量恶化程度严重于工商银行的情况下，风

险抵补能力（维持收入增长能力）强于工商银行，可以计提更多的资产减值损失，所以率先表现出良好的经营态势。民生银行用于抵补不良资产计提的资产减值损失占比高于工商银行，平均每年计提贷款总额 1.47% 的资产减值损失。实际上，民生银行冲销、抵补、处理不良资产的力度要比工商银行大，但是民生银行资产质量不如工商银行，所以经营数据不如工商银行好。

这就是一个辩证的问题，第一是窟窿大小，第二是补窟窿能力。从两方面综合考虑，招商银行相对来说窟窿大小适中，同时补窟窿能力强，所以率先复苏。补窟窿能力取决于维持主营收入增长能力。工商银行 2016 年主营收入增速 −3.12%，民生银行为 −7.04%。同年，招商银行的主营收入增速为 4.09%，招商银行的竞争优势就体现在这里。虽然 2016 年招商银行的主营收入增速也很低，但是同行都已经负增长了。

竞争优势强，维持收入增长能力强，有更多的钱抵补不良资产，经营数据就好了。资本市场看到这种好转，恐慌就消除了，估值修复就发生了。这就是招商银行率先经营好转和估值修复的原因。

招商银行、工商银行、民生银行资产减值损失如表 5-5 所示。

表 5-5　招商银行、工商银行、民生银行资产减值损失

年份	招商银行			工商银行			民生银行		
	资产减值损失（亿元）	贷款总额（亿元）	占比（%）	资产减值损失（亿元）	贷款总额（亿元）	占比（%）	资产减值损失（亿元）	贷款总额（亿元）	占比（%）
2013	102.20	21 970.94	0.47	383.20	99 223.74	0.39	129.89	15 742.63	0.83
2014	316.80	25 139.19	1.26	567.30	110 263.31	0.51	211.32	18 086.96	1.17
2015	592.70	28 242.86	2.10	869.90	119 334.66	0.73	348.01	20 480.48	1.70
2016	661.59	32 616.81	2.03	878.94	130 568.46	0.67	413.78	24 615.86	1.68
2017	599.26	35 650.44	1.68	1 277.69	142 334.48	0.90	341.40	28 043.07	1.22
2018	608.29	39 330.34	1.55	1 615.94	154 199.05	1.05	463.20	30 567.46	1.52
2019	610.66	44 906.50	1.36	1 789.57	167 613.19	1.07	628.07	34 876.01	1.80
平均	498.79	32 551.01	1.53	1 054.65	131 933.84	0.80	362.24	24 630.35	1.47

资料来源：上市公司财报。

招商银行与中国主要上市银行 2010～2019 年资产减值准备如图 5-5 所示。

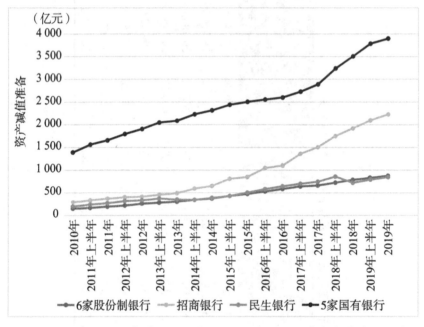

图 5-5　招商银行与中国主要上市银行 2010～2019 年资产减值准备
资料来源：上市公司财报。

维持收入增长能力决定银行能否复苏

通过对招商银行为什么率先脱困的分析，我发现一个不被人重视，但对银行业经营走向非常重要的原理：银行能不能走出资产质量恶化阶段取决于两个变量，一是资产质量恶化的程度，二是对恶化的资产质量的抵补能力。主要决定银行抵补能力的是维持收入增长能力，收入不断增长就会有较强的抵补能力，如此就会很快走出困境。

走出资产质量恶化的时间 = 抵补能力 / 不良资产规模

抵补能力 = 维持主营收入增长能力

资产质量恶化对于银行来说是不能避免的。银行发放信贷的基本商业模式决定了每隔 10 年左右，银行就会遭遇一次资产质量恶化。这在一定意义上是银行的常态问题。解决资产质量恶化的方法不是不让资产质量恶化发生，而是靠提高抵补能力。

维持收入增长能力本质上属于对风险资产和不良资产的对冲与抵补能力，银行解决不良资产主要靠收入增长强化抵补能力。个人、一家企业欠下债务并不是问题，只要有收入增长能力，有足够的收入，债务问题就不是问题，债务成为问题的根本原因是没有收入来偿还！银行的真正问题是不良资产出现后，没有足够的以收入和收入增长为表现形式的抵补能力。只要银行有足够强的维持收入增长能力，资产质量恶化就不是问题。银行资产质量问题能否解决取决于银行的收入增长能力，收入增长能力越强，处理不良资产的能力就越强，同时处理不良资产消耗的时间也越短。

招商银行率先经营复苏、估值修复，正是因为其有较强的维持收入增长能力，在由收入增长能力形成的风险抵补能力推动下，率先实现了经营复苏和估值修复。招商银行为我们提供了观察其他银行何时复苏的观察角度与分析模型，一方面考察资产质量，另一方面紧盯收入状况。由于银行业资产质量已经开始好转，收入的变化将更强烈地影响经营状况，因此需要重点关注银行业收入的变化。

中国银行业遭遇了双重打击

2006 ～ 2015 年，美国著名银行摩根大通的不良贷款率和净息差如表 5-6 和图 5-6 所示。

表 5-6　摩根大通的不良贷款率和净息差

年份	不良贷款率（%）	净息差（%）	年份	不良贷款率（%）	净息差（%）
2006	0.38	1.96	2011	1.38	2.70
2007	0.61	2.10	2012	1.48	2.19
2008	1.08	2.36	2013	1.16	2.04
2009	2.45	3.01	2014	0.94	1.97
2010	2.14	3.39	2015	0.77	1.97

资料来源：东方财富。

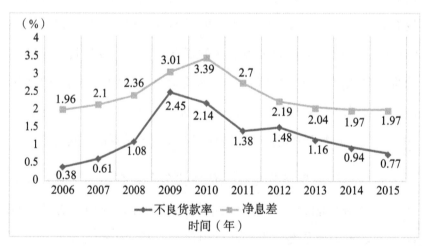

图 5-6　摩根大通的不良贷款率和净息差
资料来源：上市公司财报。

2008 年美国金融危机后，摩根大通资产质量下降，不良贷款率大幅提升，净息差也同步上升了。这是因为美国银行业在金

融危机的冲击下，不良贷款率大幅飙升，摩根大通通过提高贷款
利率增加净息差，增加自己的收入，从而提高抵补能力，确保自
己能存活下去。其拉高净息差的意图是在资产质量恶化的挑战面
前增加收入，强化抵补能力。美国银行业这种做法是很合理的，
在资产质量恶化的时候，需要计提更多的资产减值损失，没有收
入增长就无法多计提资产减值损失，增加收入可以通过提升净息
差实现。

2013～2019 年，中国银行业不良贷款率和净息差如表 5-7
和图 5-7 所示。

2013～2019 年，一方面中国银行业资产质量快速恶化，不
良贷款率快速攀升，另一方面中国银行业净息差明显下降了。这
种情况对中国银行业的打击是致命的。在这一轮资产质量恶化
危机过程中，中国银行业受到的挑战是双重的，经营陷入历史
低谷。

表 5-7　中国银行业不良贷款率和净息差

年份	不良贷款率（%）	净息差（%）	拨备覆盖率（%）
2013	1.00	2.68	282.70
2014	1.25	2.70	232.06
2015	1.67	2.54	181.18
2016	1.74	2.22	176.40
2017	1.74	2.10	181.42
2018	1.83	2.18	186.31
2019	1.86	2.20	186.08

资料来源：中国银保监会。

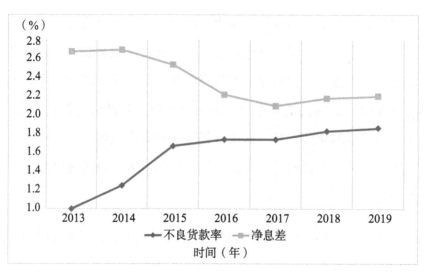

图 5-7　中国银行业不良贷款率和净息差
资料来源：中国银保监会。

2019 年底，中国银行业的资产质量问题已经见顶，从高位缓慢回落。银行业经营复苏的关键决定因素是收入能不能增长。主营收入能可持续增长，就可以消除存量不良资产，推动中国银行业的经营好转，估值水平自然会回升。

中国银行业的收入会不会进一步增长？这是我们下一章要讨论的问题。

第 6 章

中国银行业正在
重演招商银行的复苏

在第 5 章里，我对招商银行率先复苏的原因进行了剖析。在中国银行业整体出现资产质量问题时，招商银行也没有做到独善其身，但是在问题发生后，它凭借维持收入增长能力快速弥补、冲销、处理掉了不良贷款，从而率先走向复苏和估值修复。

通过招商银行的案例，我找到了观察、分析中国银行业的角度和模式。那就是一方面要看不良贷款的变化，另一方面要看收入增长的情况。由于中国银行业整体上资产质量已经趋于好转，未来考察中国银行业或者某家银行经营状况是否能够好转，主要要看其收入增长情况。

中国银行业收入已经进入新高速增长期

中国主要 16 家上市银行（即 5 家国有银行、8 家股份制银行和 3 家城商行：南京银行、北京银行、宁波银行）主营收入增速如表 6-1 和图 6-1 所示。

表 6-1　中国主要 16 家上市银行主营收入增速

年份	3 家城商行平均 （%）	8 家股份制 银行平均（%）	5 家国有银行平均 （%）	平均 （%）
2013	14.03	17.72	10.33	12.15
2014	26.57	21.50	11.78	14.47
2015	26.68	19.20	5.17	9.32
2016	13.07	4.91	−1.73	0.53
2017	2.85	−0.65	4.09	2.63
2018	11.26	9.57	7.16	7.97
2019	16.84	13.85	8.07	10.02

资料来源：上市公司财报。

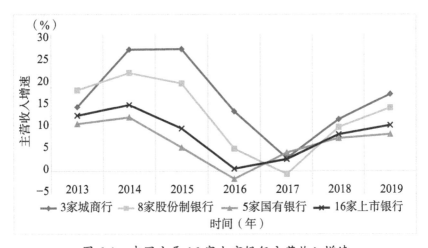

图 6-1　中国主要 16 家上市银行主营收入增速

2019 年底，中国主要 16 家上市银行的主营收入平均上涨了 10%，其中 5 家国有银行平均上涨了 8.07%，8 家股份制银行平均上涨了 13.85%，3 家城商行平均上涨了 16.84%。

从 2013～2019 年中国 16 家上市银行主营收入增速的数据中可以看到，从 2018 年底开始中国银行业主营收入增长就开始加速了。

2020 年第一季度，虽然中国 GDP 增速出现了 6.8% 的负增长，但
中国银行业主营收入增长也没有停滞和衰减，而是进一步增长，而
且在 2020 年第一季度出现了财务数据全面好转的情况（见表 6-2）。

表 6-2　中国银行业财务数据

	股份制银行		国有银行	
	主营收入增速 （%）	利润增速 （%）	主营收入增速 （%）	利润增速 （%）
2006 年	30.93	74.47	16.00	25.16
2007 年	51.02	97.39	35.74	42.83
2008 年	34.43	43.39	22.05	25.67
2009 年	3.07	13.98	1.71	19.47
2010 年	36.23	45.73	23.72	30.73
2011 年	39.42	45.36	23.94	24.99
2012 年	25.06	25.84	13.37	14.75
2013 年	17.72	17.43	10.33	11.40
2014 年	21.50	10.83	11.78	6.52
2015 年	19.20	4.63	5.17	0.69
2016 年	4.91	4.66	−1.73	1.46
2017 年	−0.65	5.46	4.09	3.44
2018 年	9.57	6.22	7.16	4.46
2019 年	13.85	10.03	8.07	5.07
2020 年第一季度	11.18	8.16	4.69	3.13

资料来源：上市公司财报。

2020 年第一季度，中国上市银行中有 5 家中小银行的主营
收入增速超过了 30%，如表 6-3 所示。

表 6-3　5 家中小银行的主营收入增速

	主营收入增速（%）
青岛银行	37.60
宁波银行	33.68

（续）

	主营收入增速（%）
青农商行	33.33
无锡银行	31.01
郑州银行	30.37

资料来源：上市公司财报。

在收入增长的基础上，2020 年第一季度中国主要 16 家上市银行拨备覆盖率、不良贷款率和拨贷比稳步提高（见表 6-4）。

表 6-4　中国主要 16 家上市银行拨备覆盖率、不良贷款率和拨贷比

	拨备覆盖率（%）	不良贷款率（%）	拨贷比（%）
2006 年	110.62	4.40	4.87
2007 年	127.72	3.59	4.58
2008 年	150.12	1.74	2.60
2009 年	183.31	1.23	2.26
2010 年	251.49	0.89	2.23
2011 年	323.14	0.76	2.45
2012 年	315.91	0.81	2.55
2013 年	276.40	0.90	2.50
2014 年	233.01	1.13	2.62
2015 年	202.18	1.47	2.98
2016 年	198.45	1.58	3.14
2017 年	216.52	1.53	3.32
2018 年	230.99	1.51	3.49
2019 年	239.62	1.45	3.47
2020 年第一季度	244.01	1.46	3.56

资料来源：上市公司财报。

中国主要 16 家上市银行计提的资产减值损失也创出新高（见表 6-5）。

表 6-5 中国主要 16 家上市银行计提的资产减值损失

（单位：亿元）

年份	合计	中国银行业（估算）
2013	2 649.46	3 718.54
2014	4 270.16	5 993.21
2015	6 518.67	9 149.01
2016	7 566.71	10 619.94
2017	8 194.94	11 501.67
2018	9 997.29	14 031.28
2019	11 436.30	16 050.95
2020（预计）	13 036.95	18 297.47

资料来源：上市公司财报。

2020 年第一季度，中国主要上市银行资产减值损失和逻辑核销创历史新高（见表 6-6）。

2020 年第一季度，中国上市银行财务数据普遍好转有两层意义：表面上看，银行对不良贷款的处理开始提速，加速确认不良贷款，加速核销，加速计提减值损失；本质上讲，银行维持收入增长的能力是化解资产质量问题的根本决定因素。

从 2018 年开始，中国银行业的主营收入增速已经连续两年保持在接近 10%，收入持续增长为加速处理不良贷款提供了资源和条件。正如第 5 章中提到的，银行业解决资产质量问题靠的是足够强的维持收入增长能力。只要能持续增加收入，资产质量问题就不是问题。根本问题是抵补能力，抵补能力取决于收入规模及收入增速。从 2018 年开始，依托于收入的增长，中国银行业处理不良贷款的速度在保持净利润稳定的前提下开始大规模提升。这是 2020 年第一季度中国银行业各项指标好转的根本原因。

表 6-6　中国主要上市银行资产减值损失和逻辑核销

（单位：亿元）

年份	16家上市银行合计			5家国有银行合计			8家股份制银行合计		
	资产减值损失	新增不良贷款	逻辑核销	资产减值损失	新增不良贷款	逻辑核销	资产减值损失	新增不良贷款	逻辑核销
2006	1 235.01			1 013.15			213.17		
2007	1 471.7	1 169.62	929.31	1 232.96	1 188.05	788.53	230.08	-12.05	132.7
2008	2 610.59	-5556.82	1 544.56	2 147.01	-5 723.77	1 186.02	437.66	159.61	353.01
2009	1 380.58	-162.1	410.59	1 147.04	-219.54	328.36	219.09	54.91	81.27
2010	1 606.65	-289.97	321.44	1 262.18	-271.16	276.59	323.74	-16.68	42.77
2011	2 117.82	154.85	244.3	1 631.76	101.91	194.63	448.06	52.84	48.92
2012	2 295.18	752.43	423.39	1 625.95	403.34	294.24	611.3	323.73	117.05
2013	2 649.68	1 960.78	1 171.02	1 771.87	1 159.94	691.33	816.24	760.91	455
2014	4 270.15	4 465.5	2 592.39	2 578.58	2 900.69	1 582.22	1 580.78	1 496.95	968.97
2015	6 518.64	7 837.7	4 578.88	3 529.85	5 024.93	2 631.54	2 792.79	2 688.53	1 861.23
2016	7 566.71	7 356.22	5 705.94	3 868.28	4 042.64	3 200.71	3 445.19	3 139.08	2 370.61
2017	8 194.98	6 197.11	5 730.73	4 729.27	3 393.06	3 347.46	3 217.29	2 658.60	2 262.50
2018	10 000.76	6 371.22	5 626.36	5 920.98	3 116.00	2 804.34	3 769.16	3 006.60	2 638.35
2019	11 459.71	8 826.9	8 155.25	6 346.69	4 432.31	4 125.03	4 732.02	4 087.54	3 757.88
2020（预计）	13 036.94	11 821.08	11 018.92	7 323.10	6 716.48	6 158.78	5 222.63	4 691.80	4 478.86

资料来源：上市公司财报计算。

我认为应该把资产质量问题的研究重点放在抵补能力的研究上，而不是放在不良贷款上。前几年各银行没有招商银行那样强的维持收入增长能力，所以抵补能力弱，消化不良贷款耗费的时间相对较长。现在中国银行业已经整体出现收入的持续高增长，开始加大计提资产减值损失和核销清理不良贷款的力度。中国银行业整体正在沿着招商银行复苏的路径走向新的增长周期。

中国银行业可预期的未来收入增长态势不会停止

中国银行业的收入增长是银行经历长期调整后产业周期的自然表现，产业周期一经确认就会持续。2020 年，新冠疫情使得全球范围内出现信贷宽松。信贷宽松会增加银行的信贷规模，推动银行收入增加。因此，从 2018 年开始展现出的中国银行业收入增长态势大概率不会停止。

银行业主营收入 =（总资产 − 净资产）× 净利差 + 非息收入

一般银行业净利息收益占收入的三分之二，非息收益占收入的 1/3。中国银行业新增信贷规模与信贷余额如表 6-7 所示。

表 6-7　中国银行业新增信贷规模与信贷余额

	新增信贷规模		信贷余额	
	金额 （万亿元）	增速 （%）	金额 （万亿元）	增速 （%）
2008 年	4.90	35.01	36.94	
2009 年	9.59	95.63	46.53	25.96
2010 年	7.95	−17.19	54.48	17.09

（续）

	新增信贷规模		信贷余额	
	金额 （万亿元）	增速 （%）	金额 （万亿元）	增速 （%）
2011 年	7.47	-5.96	61.95	13.71
2012 年	8.20	9.80	70.15	13.24
2013 年	8.89	8.39	79.04	12.67
2014 年	9.78	10.00	88.82	12.37
2015 年	11.27	15.21	100.09	12.69
2016 年	12.44	10.36	112.53	12.43
2017 年	13.84	11.30	126.37	12.30
2018 年	15.67	13.21	142.04	12.40
2019 年	16.88	7.74	158.92	11.88
2020 年第一季度	8.87	23.84	167.79	17.24

资料来源：东方财富网。

过去几年，中国银行业信贷余额的增量都不低于 10%，这对银行业收入增长有推动作用。在银行业收入持续增长，充分消化存量不良贷款后，就会形成收入增长和不良贷款下降两方面共同驱动净利润增长的态势。

银行业收入持续高增长是进入新一轮成长的表现

银行业有极其明显、稳固的周期性经营特点。这种周期性主要表现在四个指标上：主营收入、拨备覆盖率、不良贷款率、净利润。其中最重要的是前 3 个，净利润的周期波动只是前 3 个指标周期波动的结果。前 3 个指标中拨备覆盖率、不良贷款率共同反映了资产质量变化，主营收入反映了银行业的抵补能力。

银行业周期波动过程中主要经营指标变化特征如表6-8所示。

表6-8　银行业周期波动过程中主要经营指标变化特征

	衰退周期	上升周期
主营收入	下降或停滞	上升或高速上升
拨备覆盖率	下降	上升
不良贷款率	上升	下降
净利润	下降或停滞	上升

2006～2020年，中国主要16家上市银行主营收入和净利润如图6-2所示。

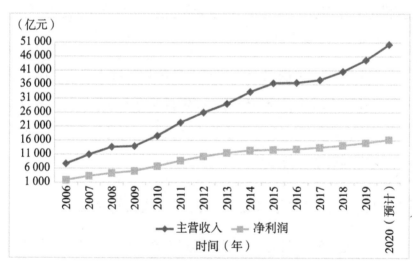

图6-2　中国主要16家上市银行主营收入和净利润

从2018年开始，中国银行业的收入指标摆脱了低迷，开始持续快速增长，已经维持了两年多。迄今为止，资本市场未对这一持续两年的收入高速增长的重要意义加以关注。

　　在 2018 年底、2019 年初中国银行业表现出收入高增长时，市场主流认知认为这种高增长不会继续维持，到了 2019 年下半年就会增长乏力，但是 2019 年全年中国银行业收入仍高增长，进入 2020 年也依然保持高增长。然而，市场主流认知认为疫情将导致中国银行业收入增长停滞甚至负增长，同时会产生大量坏账。

　　中国主要 16 家上市银行拨备覆盖率和不良贷款率如图 6-3 所示，2006 ～ 2020 年中国主要 16 家上市银行不良贷款率开始缓慢下降，拨备覆盖率明显上升。基于中国银行业处理不良贷款的模式（以时间换空间），在中国银行业资产质量好转的初期，不良贷款率下降的速度必然是缓慢的，但下降的态势一旦确定就不会改变。

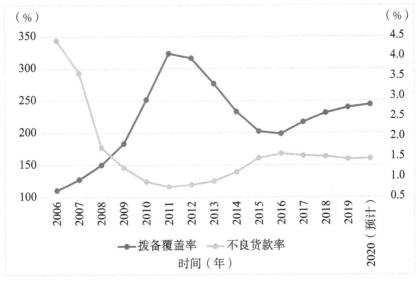

图 6-3　中国主要 16 家上市银行拨备覆盖率和不良贷款率

中国银行业的主营收入、净利润、拨备覆盖率、不良贷款率等核心指标全部满足成长期的特征，而且反映出中国银行业处于成长期早期，净利润和不良贷款率好转微弱，主营收入和拨备覆盖率增长表现强劲。

2020年初，中国银行业主要经营指标结束了恶化的态势，没有一个主要经营指标还处于衰退和恶化之中。资产质量指标、收入增长指标、风险抵补指标都全面稳步好转，中国银行业经营指标出现了整体性好转。

如果在财务报表中体现出来的是有的指标好转、有的指标不好不坏、有的指标还在恶化，那么说明趋势见底了。如果绝大部分指标都已经好转了，只有个别指标既没有好转也没有恶化，那么就是将要好转。如果所有的指标都好转，但好转的时间不长，只有一个财务季度，那么属于好转初期（2019年第一季度大体属于这个阶段）。如果所有的指标都好转，且已经持续几个财务季度，那么说明出现了整体趋势性好转。

现在中国银行业表现出来的就是经营指标出现了整体趋势性好转。2019年，中国银行业普遍复苏，结束了只有招商银行一家经营数据好转的现象。

2020年6月底，部分银行股市盈率如表6-9所示。

表 6-9　部分银行股市盈率

	市盈率（静）	市盈率（动）	市盈率（TTM）	市净率
平安银行	8.81	7.26	8.48	0.89
宁波银行	11.44	9.80	10.95	1.58
浦发银行	5.28	4.48	5.20	0.61
华夏银行	4.31	4.87	4.26	0.45
民生银行	4.61	3.73	4.54	0.53
招商银行	9.21	7.67	8.96	1.41
无锡银行	7.34	6.70	7.11	0.82
江苏银行	4.49	3.86	4.35	0.59
杭州银行	8.15	6.21	7.74	0.86
西安银行	8.77	7.62	8.55	0.99
南京银行	5.95	4.94	5.76	0.84
渝农商行	5.52	4.37	5.65	0.61
常熟银行	11.50	10.07	11.11	1.16
兴业银行	5.00	3.92	4.90	0.65
北京银行	4.83	3.88	4.76	0.53
上海银行	5.77	5.59	5.71	0.72
农业银行	5.56	4.59	5.48	0.65
交通银行	4.92	4.43	4.90	0.54
工商银行	5.96	5.50	5.91	0.73
长沙银行	5.34	4.42	5.17	0.75
光大银行	5.04	4.35	4.90	0.60
成都银行	5.17	5.08	5.04	0.77
紫金银行	10.97	11.97	10.67	1.12
建设银行	5.92	4.89	5.84	0.72
中国银行	5.44	4.84	5.39	0.60
贵阳银行	9.12	9.12	3.84	0.67
中信银行	5.17	4.29	5.04	0.54
苏农商行	8.81	8.29	8.58	0.68
平均	6.73	5.96	6.38	0.77

资料来源：万得金融。

中外资本市场银行股长期平均估值是 10 ～ 15 倍。五六倍市盈率意味着市场认为银行的净利润将会衰退 50% ～ 70%。我们通过前面的数据和分析可以知道，这种情况根本不可能发生。中国上市银行的整体经营数据于 2013 年开始下行，一直延续到 2016 年，之后开始筑底。2017 ～ 2018 年，各家银行陆续走上复苏通道。2019 年，中国上市银行经营状况发生了全面好转。2019 年底，中国银行业已经走完一个标准的衰退周期（衰退四五年），又经历了一两年的筑底，目前已经展示出超过 5 个季度以上的整体持续复苏。可惜资本市场还没有认识到这一点，从而形成了明显的错误定价。

中国银行业基本面已经走到右侧，估值水平还在左侧

现在中国银行业的基本面已经开始进入复苏阶段，走到了本轮调整的右侧，跨越了困难时期，开始了新的复苏。与此同时，中国银行股的整体估值却没有做出反应。

正常的估值修复可以分为三个阶段：

第一个阶段：有逻辑，无事实。
第二个阶段：有逻辑，有部分事实。
第三个阶段：事实完全展现。

在估值修复的初始阶段，复苏的逻辑已经具备，但是还没有表现出来，此时大众不会相信复苏已经来临，更不会下注，只有极少数的理性投资者会主动下注。目前我们已经处于第三个阶段，中国银行业的基本面已经全面复苏、好转。此时还不相信中国银行业已经整体复苏，就是在 4 月所有作物都发芽的情况下，还不相信春天已经来临。我个人认为，目前中国资本市场上银行股的估值修复严重滞后于基本面复苏。

第 7 章

疫情不会改变
中国银行业的复苏大势

在我写这些文字时，正是 2020 年 6 月。中国的疫情已经整体被控制住了，但是世界范围内的疫情依然十分严峻。有些观点认为，疫情会对银行业的资产质量造成冲击，导致新一轮不良贷款危机，且疫情将会影响银行的息差。中国银行业是以服务实体经济为本的，不像其他国家在社会经济风险增加的时候会提高息差。中国银行业会在社会经济出现困难的时候降低息差，有助于社会经济快速渡过难关，但同时会对银行的经营造成一定影响。有些观点认为疫情会让银行展现出来的复苏消失，并进入新一轮危机。

基于第 2 章中提出来的理论，我认为疫情不会影响中国银行业的复苏，也不会使其资产质量发生重大变化，疫情对经济的冲击是非结构性状态暂停。

非结构性状态暂停

受疫情影响，2020 年第一季度中国 GDP 增速为 −6.8%，但这不是结构性问题引起的，我国的经济结构和产业链没有受到破坏。

投资必须看本质。经济受疫情冲击出现了一段时间的暂停，导致增速下降，这是非结构性状态暂停。很多人说疫情对经济的冲击超过 2008 年美国金融危机，这在现象层面是对的，但是在本质层面是不对的。现在经济状态只是暂停了，不是经济危机和经济大萧条。

在经济状态暂停的情况下，一些小微企业会破产，一些人会失业。这是真实的，其中有些人还有个人贷款。我们公司旁边有一个餐馆，我常和同事去吃饭。老板跟我说，餐馆 2020 年 2 月有两个厨师，到了 4 月初想再增加两个厨师，结果来了 80 个厨师应聘，因为疫情期间大量厨师都失业了。失业会引发个人贷款逾期是事实，但这些逾期贷款绝大多数不会变为不良贷款。为什么呢？我通过一个案例给出答案。

假设有两个人的个人贷款都逾期了，他们分别是餐馆厨师 A 和钢铁厂车间主任 B。A 因为疫情导致餐馆关门失业在家，B 因为 2015 年去产能调结构企业破产在家。他们的房贷、信用卡都逾期了，你认为谁的贷款会成为坏账？

　　过了一年，疫情结束，A 从事的餐饮业恢复了正常，A 又找到了自己熟悉、擅长的工作，他不需要去学一个新技艺。疫情并没有使得厨师岗位的需求消失，只是在特定时间段内厨师工作的餐馆不能营业。当疫情结束后，一切都会恢复正常，A 重新回到厨房，逾期贷款自然不会再逾期。疫情对餐饮业的打击不会使餐饮需求消失，也不会使厨师无用武之地。A 暂时失业后会重新上岗，这就是非结构性状态暂停的具体表现。

　　再来看钢铁厂车间主任 B 的情况。钢铁厂倒闭，B 拥有的工作技能没有用武之地了。他找不到一个可以让他发挥才干的岗位了，于是他必须学习新技能，再去找新的工作，赚钱还贷款。在很大程度上，B 能不能学会新技能、能不能找到新工作是不确定的。即使能做到可能也需要较长的时间，因此 B 的个人贷款可能成为坏账。钢铁厂不会像餐厅那样，在一段时间后恢复生产。钢铁厂破产是结构性经济转型造成的，破产导致的失业是永久性失业，会形成实质性坏账。

　　对比以上两种情况下的失业可发现，厨师失业和钢铁工人失业表面上看是一样的，在失业之后他们都会因为现金流中断而无法偿还负债，导致个人贷款逾期。但是随着时间的推移，厨师将会重回工作岗位，而钢铁工人难以回到原来的工作岗位，需要掌握某种新技能，重新寻找就业机会，因此他有可能长期无法偿还个人贷款，最终形成实质性坏账。

　　本次疫情对经济的冲击更类似餐馆受到的冲击，而不是钢铁厂受到的冲击，是一种非结构性状态暂停，没有引发结构性变化。如果没有发生产业结构升级或商业模式变革，纯粹的经济状态波动并不会使银行业的不良贷款大幅增加。

疫情对经济的冲击不会损害经济结构和产业链

2020 年疫情发生后，世界主要经济体的股市平均 1 个月下跌 40% 左右，跌幅与 2008 年美国金融危机时的幅度相近。因此，市场上出现了一种观点，即资本市场的巨幅波动会引发实体经济的全面衰退和危机。事实上，2008 年美国金融危机的确是从资本市场的崩溃开始的，然后引发了大型金融企业和大型制造业企业的连锁破产。在这次疫情冲击下，会不会出现像 2008 年美国金融危机那样，资本市场先崩溃，引发大型实体企业连锁破产，产业链随之断裂，形成严重的经济危机呢？我认为不会。

回顾一下 2008 年美国金融危机。2007 年下半年到 2008 年上半年，美国股市下探到 14 000 点。当时由于股市估值普遍偏高，随之出现高位回落 20%，导致某些大型金融企业出现了流动性危机，濒临破产。

在此情况下，濒临破产的企业展开了自救，并寻求政府的救助。当时雷曼可能找过韩国资金，贝尔斯登找过中国资金，希望以商业重组的方式自我救助。但最后雷曼寻求资金救助失败，请求美国政府救助也遭拒。美国国会明确表态纳税人的钱没有义务救助私人企业。之后雷曼破产了，市场绝望了。

2008 年 9 月，美国资本市场崩溃式下跌，以自由落体的方式瞬间从 11 000 点跌到了 6 000 点。一方面股市暴跌，另一方面大型金融企业连锁破产，美国金融崩溃与产业链断裂交互强化。当美国政府发现整个产业链已如多米诺骨牌般连锁断裂的时候已经晚了，此时危机已经扩散到全球。美国政府这才开始大规模救助，最后抑制住危机。

2008 年美国金融危机的核心特点是金融崩溃与产业链断裂同时发生、相互强化，是典型的结构性危机。结构性危机的核心特点是破产企业数量大增、产业链断裂，金融市场崩塌，并且相互强化。银行业会因为破产企业数量大增导致不良贷款率飙升。

2020 年疫情暴发后，在 1 个月的时间里，欧美股市的跌幅与 2008 年雷曼破产后市场崩溃式下跌的跌幅相近。但是现在哪家大型企业破产了？有没有出现产业或者行业的危机？有没有企业大规模寻求政府救助？答案是没有。在资本市场暴跌的过程中，没有出现 2008 年美国金融危机后出现的大型企业破产，中型企业甚至都没有破产。2020 年 6 月，资本市场全面反弹，几乎涨回下跌的起点。显然，本次疫情的冲击不同于 2008 年美国金融危机。

疫情发生后，世界各国政府都吸取了 2008 年的教训，全球主要经济体的政府几乎都第一时间大规模救助资本市场和实体经济，美国 3 天内两次降息，合计达到 150 个基点。德国、法国、英国、韩国、中国、日本等全球主要经济体在 1 个月内均拿出了强有力的救助政策。G20 召开会议，联合宣布将投资数万亿美元将世界经济拉回稳定与复苏的轨道。这是在 2008 年美国金融危机时没有的举措。同时，G20 明确要增强全球流动性，以支持银行体系，稳定金融市场。全球范围内出现了罕见的低利率，欧美和日本都是零利率。及时的大力度救助政策封杀了经济在疫情冲击下衍生出实质经济危机的可能性，使实体企业不会大规模破产，银行业不良贷款率也就不会大幅攀升。

美联储前主席伯克南说："疫情导致经济停摆更像一场自然灾害，而非经济萧条。由于生产要素并未受到太大损伤，未来经济有望快速反弹。"我和伯南克所见略同。疫情就像一场大火、地震或是海啸，确实让经济受到了明显影响，但这种影响是状态性影响，生产要素没有受到太大损伤，不会引发大规模产业链断裂和大规模企业破产，从而不会导致银行资产质量恶化。

数据证明疫情对资产质量影响有限

除了与 2008 年美国金融危机进行对比，我也进行了其他量化研究。通过思考可以客观量化银行业资产质量的指标是什么，我想找到一个可以度量疫情对经济冲击的客观指标，尤其是引发资产质量恶化的客观指标。

经过反复思考后，我认为企业的银行存款能客观反映疫情冲击下企业的真实状态。如果疫情严重打击了实体企业，大部分企业濒于破产，那么企业的银行存款应该大幅萎缩。反之，如果疫情对企业冲击不大，那么企业银行存款的变化也不会大。

目前有3家国有银行（交通银行、农业银行、建设银行）会披露企业银行存款，很多小银行也会披露企业银行存款。如表7-1所示，2020年第一季度，3家国有银行的企业存款增速没有明显变化。

表 7-1 3 家国有银行企业存款增速

	企业存款增速（%）
2018 年	1.97
2019 年第一季度	4.31
2019 年	3.25
2020 年第一季度	3.61

资料来源：上市公司财报。

另外，我也考虑有可能疫情对中小企业冲击比较大，而中小企业主要通过中小银行获得信贷，于是统计了贷款量不高于3000亿元的9家小型银行（苏农商行、成都银行、贵阳银行、郑州银行、西安银行、常熟银行、紫金银行、张家港行、江阴银行）的数据（见表7-2）。2020年第一季度，小型银行的企业存款增速几乎归零，但没有负增长。这意味着确实小型银行的企业存款增速下降了，但降幅不大。

表 7-2 9 家小型银行企业存款增速

	企业存款增速（%）
2018 年	6.49
2019 年第一季度	1.09

（续）

	企业存款增速（%）
2019 年	3.69
2020 年第一季度	0.37

资料来源：上市公司财报。

2020 年第一季度疫情暴发后，汇丰银行有一个指标——预期信贷损失。预期信贷损失是指由于疫情发生后虽然企业的贷款还没有表现出无法偿还的迹象，但银行必须对资产质量变化做出主观判断和预期。

汇丰银行在 2020 年一季报中写：各地政府及中央银行，特别是英国、中国和美国采取的行动，从商业、监管及风险角度看均预示潜在经济衰退的严重程度和复苏后的环境或与过往的危机截然不同，并会持续较长时间。有关影响视不同经济环节而异，其中石油及燃气、运输及非必要消费行业于疫情暴发初期首当其冲受到冲击。疫情暴发对这些行业长远前景的影响尚未明朗，可能于特定范围产生重大预期信贷损失准备。

2020 年第一季度末，汇丰银行客户贷款 1 040 亿美元，疫情新增预期不良贷款为 70 亿～ 110 亿美元，对应预期不良贷款率为 0.7% ～ 1.1%。这意味着在疫情发生后，汇丰银行对资产质量进行综合分析后，预期不良贷款率提升了 0.7% ～ 1.1%。这是汇丰银行在财务报表中披露的预测，其可靠性也许超过大部分分析师的预测。

在没有更好指标的情况下，我决定采信汇丰银行的预测。

我在多次的演讲中指出，中国的金融体系和西方的金融体系不一样，有利于对抗突发的系统性风险。在同样的危机冲击之下，中国银行业的不良贷款率不会明显上升；而西方银行的体制特点，决定了其在遭遇危机时会很快形成大量的不良贷款。

基于汇丰银行的预测，我认为中国银行业受疫情的冲击，不良贷款率的上升幅度不会超过 1%，而且不会超过汇丰银行的一半。换言之，我预测在此次疫情冲击下，中国银行业的不良贷款率上升幅度在 0.5% 以内。

以下是中国银保监会公布的数据。

2020 年第一季度末，商业银行不良贷款余额为 2.61 万亿元，较上季度末增加 1986 亿元；商业银行不良贷款率为 1.91%，较上季度末增加 0.05%。2020 年第一季度末，商业银行贷款损失准备余额为 4.8 万亿元，较上季度末增加 2943 亿元；拨备覆盖率为 183.2%，较上季度末下降 2.88%；贷款拨备覆盖率为 3.50%，较上季度末上升 0.04%。

中国银保监会披露 2020 年第一季度中国银行业的不良贷款率上升了 0.05%。我对我国主要银行进行了电话调研，他们一致回复银行业的资产质量变化有滞后性，疫情对资产质量的影响没有完全表现出来，第一季度的数据仅有部分表现。我进一步追问第一季度资产质量受疫情冲击的比例有多大，各家银行都没有办法确定这个比例。在这种情况下我只能进行主观分析。我认为一季度商业银行表现出来的新增 0.05% 的不良贷款率，占到了这一次疫情对资产质量不利影响的 10% ～ 20%。我认为中国银行业因疫情冲击导致不良贷款率上升的幅度在 0.25% ～ 0.5% 之间。

中国银行业不良贷款率和拨备覆盖率如表 7-3 和表 7-4 所示。

表 7-3 中国银行业不良贷款率

	大型银行[1] （%）	股份制银行[2] （%）	城商行[3] （%）	农商行[4] （%）
2017 年第一季度	1.64	1.74	1.50	2.55
2017 年第二季度	1.60	1.73	1.51	2.81
2017 年第三季度	1.54	1.76	1.51	2.95
2017 年第四季度	1.53	1.71	1.52	3.16
2018 年第一季度	1.50	1.70	1.53	3.26
2018 年第二季度	1.48	1.69	1.57	4.29
2018 年第三季度	1.47	1.70	1.67	4.23
2018 年第四季度	1.41	1.71	1.79	3.96
2019 年第一季度	1.32	1.71	1.88	4.05
2019 年第二季度	1.26	1.67	2.30	3.95
2019 年第三季度	1.32	1.63	2.48	4.00
2019 年第四季度	1.38	1.64	2.32	3.90
2020 年第一季度	1.39	1.64	2.45	4.09

①中国银行、邮储银行、农业银行、交通银行、建设银行、工商银行。

②中信银行、浙商银行、招商银行、兴业银行、浦发银行、平安银行、民生银行、华夏银行、光大银行。

③郑州银行、长沙银行、西安银行、苏州银行、上海银行、青岛银行、宁波银行、南京银行、江苏银行、杭州银行、贵阳银行、成都银行、北京银行。

④紫金银行、张家港行、渝农商行、无锡银行、苏农银行、青农商行、江阴银行、常熟银行。

资料来源：中国银保监会。

表 7-4　中国银行拨备覆盖率

	大型银行 (%)	股份制银行 (%)	城商行 (%)	农商行 (%)
2017 年第一季度	166.36	175.22	216.01	194.60
2017 年第二季度	168.02	175.52	211.81	179.91
2017 年第三季度	175.22	173.43	216.20	177.57
2017 年第四季度	180.45	179.98	214.48	164.31
2018 年第一季度	198.96	193.11	213.54	158.94
2018 年第二季度	202.20	188.07	207.89	122.25
2018 年第三季度	205.94	190.47	198.85	125.60
2018 年第四季度	220.08	187.41	187.16	132.54
2019 年第一季度	240.44	192.18	179.26	128.50
2019 年第二季度	250.69	193.01	149.26	131.52
2019 年第三季度	240.20	198.77	147.99	130.81
2019 年第四季度	234.33	192.97	153.96	128.16
2020 年第一季度	231.70	199.89	149.89	121.76

资料来源：中国银保监会。

在疫情冲击下，各类银行资产质量的变化是不同步的，而且差异极大。资产质量受到强烈影响的是农商行和城商行，股份制银行和国有银行的资产质量基本没受什么影响。这很好理解，这次疫情重创的餐饮业、旅游业、酒店业等都是中小企业集中的产业，中小企业的信贷主要来自城商行和农商行。疫情对银行业资产质量的冲击呈现出一个特点，那就是不均衡。它打击了小企业，也打击了小银行，但大型银行受到的影响较小。

综上所述，我认为疫情对中国银行业资产质量的实际影响较小且不均衡，尤其是对大型银行几乎没有明显影响，而中小

银行受到重创。中国银行业整体不良贷款率受疫情影响上升了
0.25% ~ 0.5%，主要体现在城商行和农商行等中小银行上。

疫情导致的新增不良贷款相对于银行业的抵补能力微不足道

不良贷款率上升 0.5% 对大型银行基本没有什么影响。近几
年中国银行业每年计提的资产减值损失较高，以 16 家中国主要
上市银行为例，它们每年可以消化的不良贷款对应的不良贷款率
如表 7-5 所示。在 1.6% 的基础上再增加 0.25% ~ 0.5%，对这些
银行来讲不会产生严重的问题。

16 家中国主要上市银行资产减值损失和对应不良贷款率如
表 7-5 所示。

表 7-5　16 家中国主要上市银行资产减值损失和对应不良贷款率

年份	资产减值损失（亿元）	对应的不良贷款率（%）
2006	1 235.01	0.69
2007	1 471.70	0.67
2008	2 610.59	1.14
2009	1 380.58	0.46
2010	1 606.65	0.47
2011	2 117.82	0.55
2012	2 295.18	0.60
2013	2 649.68	0.64
2014	4 270.15	1.02
2015	6 518.64	1.48
2016	7 566.71	1.56
2017	8 194.98	1.33
2018	10 000.76	1.41

（续）

年份	资产减值损失（亿元）	对应的不良贷款率（%）
2019	11 459.71	1.50
	13 036.94	1.63

资料来源：上市公司财报。

2007～2020 年（预计），16 家中国主要上市银行新增不良贷款如图 7-1 所示。

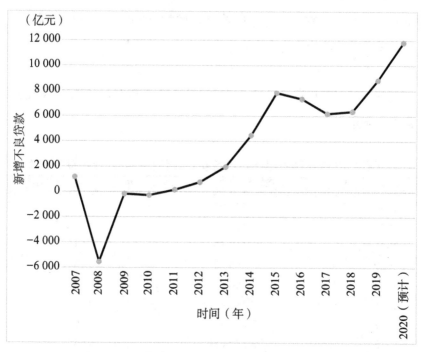

图 7-1　16 家中国主要上市银行新增不良贷款

疫情发生后，中国第一时间启动了宽松的货币政策，并主张银行业压低贷款利率，支持实体经济共克时艰。在这种情况下，资本市场传出一种观点，即中国银行业的息差将会崩溃式大幅下降，重创收入，使银行业收入出现负增长。

我认为这种观点是不正确的，因为没有考虑信贷宽松和货币宽松促进的银行业务量增长。中国目前息差处于历史较低水平，即便下降也下降不了多少，因为客观上息差是银行业对抗风险的根本依靠。如果息差降得非常之低，银行业就没有能力克服风险，整个经济体系就无以为继。

以下是我对中国银行业在疫情影响下收入不会发生大波动的思考和分析。银行收入主要决定于息差与规模，规模稳定则增长无悬念，所以下文将主要讨论息差。

息差没有大幅下行空间

目前中国银行业息差接近 2.0%，接近历史最低水平，基本没有大幅下行空间。如果进一步压缩息差会出现风险，那就是金融体系向社会经济输出信贷的能力和抵补能力下降。图 7-2 是历年中国银行业净息差走势。

在息差基本稳定，略有波动的基础上，银行业的收入增长主要取决于信贷规模的增长。在疫情冲击下，实体经济遭遇了困难，主要经济体的货币政策都走向了宽松，中国也不例外。在这种情况下，中国银行业信贷规模一定会增加，不增加就违反经济规律和经济的现实需要。实体经济受到疫情冲击的本质是企业的现金流被切断了，需要通过银行信贷补充。企业现金流示意图如图 7-3 所示。

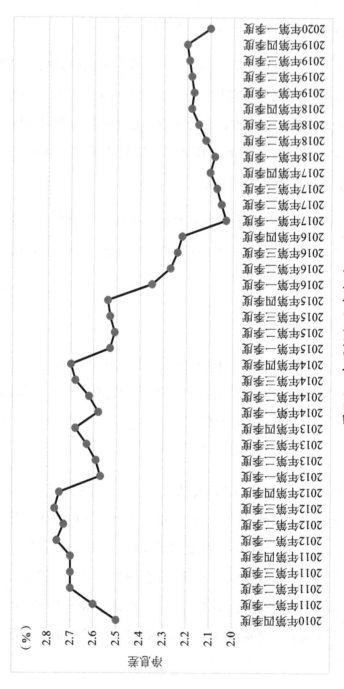

图 7-2　中国银行业净息差

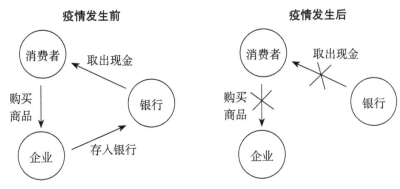

图 7-3　企业现金流示意图

消费者是经济活动的发动机。消费者从银行转出现金，向企业购买商品或服务（现金流入企业），企业收入现金、存入银行。疫情导致消费行为停滞，消费者的现金滞留在银行，企业失去消费者提供的现金流入，经营陷入困境。

疫情对实体经济的影响如图 7-4 所示。

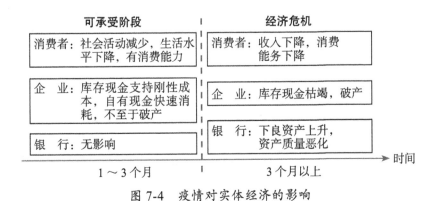

图 7-4　疫情对实体经济的影响

疫情初期，对于企业来说，短期影响不大。企业可用自有现金支付疫情期间的消耗，暂时不至于破产，因此银行不受影响。

如果疫情长期持续，消费者的收入就会下降，从而消费能力下降，企业的现金也会开始枯竭，走向破产，无法偿还债务，导致银行资产质量恶化。

如果疫情长期持续，如何避免实体经济危机？只能通过银行贷款向实体经济注入流动性，应对疫情给企业带来的现金流中断问题。实体经济因为疫情出现短期现金流中断，为银行提供了商业机会。银行对企业的增量贷款救助既能帮助企业，稳定经济，避免经济危机的发生，也能增加银行的收入。

纾困贷款和项目贷款的风险

我选择了制造业与服务业几家知名公司的经营和管理费用及现金进行比较，发现根据现金推算，如果失去经营现金流，存活时间最长的是中国建筑（见表 7-6）。它的货币资金最充裕，其次是格力电器。全聚德、云南旅游、广州酒家都是日常经营现金流充沛的企业，所以它们不会持有太多的现金来应对危机，需要纾困贷款支持的都是这类企业。

表 7-6　经营和管理费用及现金（2018 年底）

公司	经营和管理费用 （亿元）	现金 （亿元）	销售和管理费用 / 现金（%）
格力电器	231.00	1 130.00	20.44
中国建筑	269.00	3 175.00	8.47
全聚德	9.50	9.90	95.96
云南旅游	2.60	8.00	32.50
广州酒家	8.80	12.00	73.33

资料来源：上市公司财报。

比较而言，纾困贷款的整体风险低于项目贷款。项目贷款是企业为了投资新厂房、新设备等申请的银行贷款。纾困贷款则是为了帮助那些日常经营非常稳定，只是因为疫情出现短期流动性问题的企业设立的。新增纾困贷款可以提升银行的业务量，同时加大银行的信贷规模，改善银行的资产质量。很多企业在疫情冲击下业务量和现金流快速萎缩，流动性出现问题。如果流动性问题长期不能得到解决，企业会因为流动性枯竭走向破产，进而使银行资产质量恶化。银行在企业遭遇暂时阶段性现金流萎缩和流动性困难时，如果增加对企业的贷款，帮助企业渡过难关，疫情过后企业经营就将恢复正常。

日益强化的长期有利因素和日益消退的短期不利因素

从长期来看，银行不良贷款的抵补能力就是维持收入增长能力，这是由长期因素驱动的。当期确认的不良贷款规模增长越快，不良贷款越趋于出清。这里能看到一个价值投资的典型特征，有利因素（增利因素）是持续的、长期的，不利因素（减利因素）是短期的。目前，中国银行业的增利因素已经大幅超过了减利因素，实际上内在价值已经增加了，但价格（估值）上还没有表现出来。银行收入水平的增长是持续的，只是暂时因为资产质量的问题未能表现为利润。

因疫情经济活动暂停以后，现实的困难确实是存在的，但它的影响是短期的。只要在一段时间之内控制住疫情，经济马上就能恢复，因为产业之间的关系没有改变，行业格局和竞争力没有改变。疫情之前企业和个人需要贷款要找银行，疫情之后仍然要找银行。银行业的竞争力不仅没有削弱，反而有所加强，且信贷宽松以后银行贷款在社会融资中的占比大幅提升了。

我们再来比较一下 2013 年和 2020 年 16 家中国主要上市银行部分财务数据（见表 7-7）。

表 7-7　16 家中国主要上市银行部分财务数据

	新增不良贷款合计	资产减值损失合计	拨备覆盖率	拨贷比	收入增速	利润增速
2013 年	1960.78	2649.68	276.40%	2.50%	12.15%	12.78%
2020 年	11 821.08	13 036.94	244.01%	3.56%	6.87%	5.28%
增速（%）	502.88%	392.02%	−11.72%	42.40%	−43.46%	−58.69%

资料来源：上市公司财报。

如表 7-7 所示，拨备覆盖率和拨贷比的变化不大，但新增不良贷款和资产减值损失增长了很多。2015 年之前，中国银行业有 10 万亿元的不良资产没有消化，2020 年已经消化完毕。中国银行业的实质已经完全不一样了，可以说已经脱胎换骨了。

中国主要上市银行资产减值损失和净利润如表 7-8 所示。

表 7-8　16 家中国主要上市银行资产减值损失和净利润

	资产减值损失（亿元）	净利润（亿元）	资产减值损失 / 净利润（%）
2006	1 235.01	1 860.03	66.40
2007	1 471.70	3 297.90	44.63

（续）

	资产减值损失（亿元）	净利润（亿元）	资产减值损失 / 净利润（%）
2008	2 610.59	4 321.90	60.40
2009	1 380.58	5 074.68	27.21
2010	1 606.65	6 773.89	23.72
2011	2 117.82	8 750.06	24.20
2012	2 295.18	10 271.43	22.35
2013	2 649.68	11 584.11	22.87
2014	4 270.15	12 473.85	34.23
2015	6 518.64	12 696.67	51.34
2016	7 566.71	12 904.19	58.64
2017	8 194.98	13 501.80	60.70
2018	10 000.76	14 223.56	70.31
2019	11 459.71	15 102.84	75.88
2020 年第一季度	3 523.50	4 394.52	80.18

资料来源：万得金融。

2015 年后大幅上升。这意味着中国银行业处理消化不良贷款的力度加大了。当资产质量问题解决后，资产减值损失占净利润的比例将大幅下降，净利润会大幅上升。

2020 年恰恰是中国银行业处理上一轮资产质量恶化的最后时刻，或者说战略拐点时刻。未来将要发生的事情已经确认了，要么银行业不良贷款继续增加，同时收入增加，提高抵补能力，计提比新增不良贷款更多的资产减值损失，最终体现为收入、利润和拨备覆盖率的上升；要么银行业大额计提资产减值损失，不良贷款趋于出清，之后逐渐降低计提比例。

中国银行业进入新周期

新冠疫情发生后，美国股市大幅波动，美国银行股跌幅尤其大，股价出现腰斩。在这种情况下，中国银行股会不会步美国银行股后尘？对此我做了深入的对比研究，得出结论：中美银行业所处的周期阶段完全不同，美国银行业正在从成熟期走向衰退期，而中国银行业仍处于成长期。

我们先来看美国银行股。疫情发生以后，巴菲特的最爱——富国银行股价腰斩，下跌了50%以上，同时市盈率上升（2020年5月）。这是典型的戴维斯双杀，在这个过程中富国银行股价没有反弹。同期，美国股市实际上反弹了不少，但美国银行股没有反弹。美国任何一家银行股都是这种走势。

美国部分银行股市盈率如表7-9所示。

表7-9 美国部分银行股市盈率

	净利润增速（%）	疫情前市盈率	疫情后市盈率[1]	疫情前后股价跌幅（%）
美国银行	−45.15	9.59	12.28	−33.62
富国银行	−91.54	7.64	49.21	−54.11
纽约梅隆银行	0.64	17.05	14.93	−31.41
摩根大通	−68.79	5.33	12.65	−34.04
花旗银行	−46.87	15.72	21.37	−42.31
平均	−50.34	11.07	22.09	−39.10

①疫情后市盈率按2020年第一季度数据预估。
资料来源：同花顺iFinD。

我从2018年底不断主张中国银行股将迎来戴维斯双击，并且认为戴维斯双击能创造的财富效应非常明显。但直到 2020 年，中国资本市场都没有出现戴维斯双击，却等来了美国银行股的戴维斯双杀。

我认为美国银行业长期计提资产减值损失不足，是美国银行股遭遇戴维斯双杀的根本原因。美国银行业自 2008 年摆脱金融危机之后，就进入了基本面的繁荣期，也进入了 10 年股市大牛。在这种基本面繁荣的情况下，美国银行业计提资产减值损失严重不足。表 7-5 是中美主要银行 2007 ～ 2020 年（预计）计提资产减值损失。

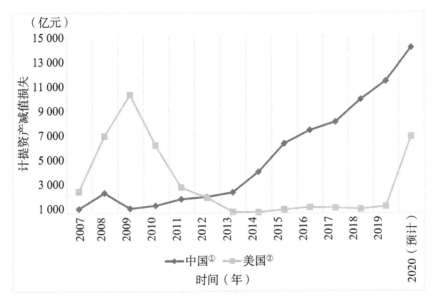

图 7-5　中美主要银行计提资产减值损失

①具体为中国 16 家市值最大的上市银行。

②具体为富国银行、摩根大通、美国银行、汇丰控股、纽约梅隆银行和花旗银行（都是巴菲特投资过的）。

2019 年，美国主要银行合计每年计提的资产减值损失不超过 2000 亿元。中国 16 家主要上市银行计提的资产减值损失则是逐年增高的，预计 2020 年合计资产减值损失将达到 1.5 万亿元。这就是中美银行业过去的资产减值损失计提状况。美国银行业 2011～2019 年计提比例很低，中国银行业过去六七年资产减值损失规模较大。

我们再看一下计提比例，把每年计提的资产减值损失除以贷款规模可以得到每年计提的资产减值损失占贷款规模的比例。2019 年底，中国 16 家市值最大的银行计提的资产减值损失相当于贷款规模的 1.5%，美国主要银行计提的资产减值损失只占贷款规模的 0.5%。换句话说，从计提比例的角度上讲，中国银行业比美国银行业高 2 倍。

2020 年伯克希尔 - 哈撒韦股东大会，巴菲特在回答有关银行股的问题时说美国银行业资金充足。假如巴菲特认为美国银行业资金充足，那么中国银行业的资金就过分充足了。以中国银行业的计提比例来看，美国银行业或者说巴菲特重仓的那几家银行股计提的资产减值损失是严重不足的。

从 2013 年开始，中国银行业处于持续高不良贷款率、高计提比例状态。2019 年，16 家中国主要上市银行的年均资产减值损失能消化 1.5%～1.6% 的不良贷款率，美国只能消化 0.5% 的不良贷款率。中国银行业的抵补能力在过去几年日益强大。目前，中国银行业的净利润是在一年计提对应 1.5% 左右不良贷款率的资产减值损失的情况下实现的，美国银行业的净利润是建立在每年只计提对应 0.5% 不良贷款率的资产减值损失的基础上的。哪个价值更大？

中国银行业经历了一段计提比例较高的艰难时刻。美国银行业则经历了一段计提比例较低的幸福时光，风险准备不足，一有疫情报表一下就恶化了。2007 ～ 2020 年（预计），中美银行业不良贷款率如图 7-6 所示。

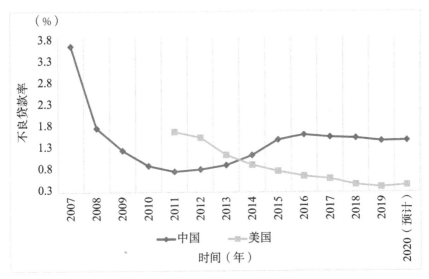

图 7-6　中美银行业不良贷款率

拨贷比的数据对比也揭示出美国银行业的风险准备严重不足（见图 7-7）。如果巴菲特看了中国银行业的数据，就不会说美国银行业的资金是充足的。

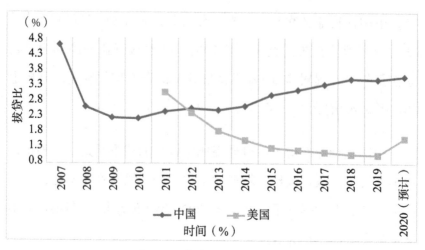

图 7-7　中美银行业拨贷比

2019 年中国银行业拨贷比为 3.47%，美国银行业仅为 1.07%。从风险准备的角度看，中国银行业每贷出 100 元，就要准备 3 元作为风险补偿；美国银行业每贷出 100 美元，只要准备 1 美元作为风险补偿。中国银行业的风险准备是美国的 3 倍。

中国银行业拨贷比上升的势头从 2008 年就开始了，因为中国在过去几年正处于风险暴露和处理期。美国银行业 2008～2011 年处于风险暴露和处理期。2011 年，美国银行业的拨贷比也很高，达 3.06%。当时美国银行业遭遇金融危机，资产质量恶化，因此大幅计提了资产减值损失，拨贷较高，但拨备覆盖率很低。2011 年，美国银行业拨备覆盖率只有 150%，比中国银行业 2020 年 6 月的数据还低。

作为投资者，到底应该何时买入银行股呢？是在拨贷比很高但拨备覆盖率很低时买，还是在拨贷比很低但拨备覆盖率很高时买？从美国银行业的数据看，真正的投资机会出现在拨贷比很高但拨备覆盖率很低的时候。

中国银行业在低估值水平徘徊已近 10 年，拨贷比非常高，拨备覆盖率很低。现在的中国银行业相当于 2011 年的美国银行业，恰恰处于适合投资的时期。

美国银行股遭遇戴维斯双杀的诱因是疫情。疫情是压死骆驼的最后一根稻草，但这本质上是在近 10 年的经济繁荣和股市长牛背景下，问题资产累积过多，且计提资产减值损失不足，拨备覆盖率不足造成的。

中国银行业正处于周期波动中由坏到好的阶段，资产质量问题逐步暴露，不良贷款率从高位滞涨回落。目前，市场对中国银行股几乎是按照破产价值进行估值的，所以如果我的观点是对的，未来就会出现重大估值变化。

以上事实证明了中国银行业确实遭遇了资产质量问题，但是 2019 年基本已经处理完毕。如果疫情没有出现，这个情况已经明朗了，但疫情暴发使投资者开始担忧会不会出现第二轮资产质量恶化，这场关于银行股的认知博弈进入了加时赛。但加时改变不了结果，因为大局已定。只不过由于加时，很多投资者未能相信中国银行业的结构性好转已经发生。

　　新冠疫情一定能被控制住，人类从来没有败给过病毒。疫情对经济的冲击是中短期的，中国银行业在过去几年的困难时期已经磨炼出强大的抗压能力。中国银行业每年可以消化对应1.6%不良贷款率的不良资产，即使疫情使不良贷款率上升0.5%，也根本激不起水花来。中国银行业已经走出困境，进入新周期，当下正是难得的投资机会。

第 8 章

银行股被低估的深层次原因

本书前面的章节我分别论证了中国银行业的基本面已经发生战略性好转，以及中国银行业的基础数据是真实可靠的。我还论证了未来中国银行业复苏好转的势头不会终结，即便 2020 年发生了新冠疫情也不会逆转。我认为资本市场流行的关于中国银行业经营陷入长期不确定的认知是错误的，基于错误认知给银行股极低的估值是不合理的，银行股在未来必然会发生估值修复。这是本书贯穿始终的主线和逻辑。

我认为投资机会并非客观基本面好转这一单一要素的变化引发的，而是客观基本面越来越好，同时资本市场的主流认知却仍然悲观甚至越来越悲观创造的。当市场把好的公司视为坏的公司，把好的模式或机制视为坏的模式或机制的时候，这种背离就形成了价值和财富的来源。概括来讲就是：在资本市场中，价值和财富的来源不是由客观标的物和客观事实单一要素构成的，而是由主观认知对客观事实的错误理解导致的。没有主观认知的错误就没有投资的机会和价值，错误越严重，投资机会越大。以上是我投资哲学和投资理念的基础。

基于这样的理念，**寻找投资机会就是寻找市场的错误**，这也是本书全部论证的出发点。多年的投资经验使我认识到，当市场犯下错误时，一定存在某个深刻的社会原因使这种错误得以出现。如 2013 年因为限三公消费，市场认为高端白酒将失去长期成长的确定性，贵州茅台将因此走向衰退。这个认知之所以能够流行，是因为人们普遍对曾经存在的腐败问题深恶痛绝，没有这个原因，贵州茅台在 2013 年不会出现严重错误定价。

2020 年第三季度末在 H 股上市的部分中国银行股的估值，已经跌破了 3 倍市盈率，市净率只有 0.3 倍。如此大幅的长期低估背后一定也有一个深层次原因。这就是我在本章中想要揭示的。

我认为，这个深层次原因就是投资人对中国金融体制、中国银行业的运作机制，尤其是对政府在社会经济发展中的作用，以及政府在金融资源配置过程中的作用没有正确理解。投资人普遍没有理解使中国经济在过去 40 多年实现腾飞的中国模式，也没有理解东亚儒家文化圈中的经济体（包括中国、日本、韩国等国家）依托东方文化构建起来的经济金融模式。有些投资人错误地认为金融模式、金融运作机制只有一种是正确的，即欧美国家流行的模式。

经济规律受到文化和制度的影响

我在中国银行业的研究中很早就发现，中国银行业乃至金融体系与政府存在着一种互相配合、互相依存的关系，政府会引导银行把钱投入有利于社会发展的方向。同时，政府给中国银行业提供了战略保护或者战略支持，当银行遇到系统性问题和挑战时，政府会支持银行，与银行合力解决问题。这种情况与西方的金融运作机制有明显的差异。我认为中国银行业的运作机制更有利于社会发展和金融稳定，尤其有利于化解系统性金融问题和经济问题。

经济、金融活动是人的行为，人的行为受到文化、制度的影响。客观上并不存在一个全球普适的经济学原理，也不存在一个全球普适唯一的像牛顿定律那样的经济学、金融学原理。在《经济社会学导论》中有这样两段话："在西方，交换是脱离社会关系的契约行为；而在远离西方的社会，交换关系则离不开社会关系的整体。""非西方社会中经济交换以及生产和消费是社会制度、文化观念形态、道德准则、宗教信仰的一部分。"

现在存在一种错误倾向，就是把基于西方社会文化制度的经济学和金融学理论作为全球普适的经济学理论，推广到非西方国家的其他经济体。

中国、日本、韩国拥有类似的金融运作机制

在东亚儒家文化圈里，无论是中国、日本、韩国，政府都

在经济中扮演了非常积极和活跃的角色。中国、日本和韩国政府都会制定产业政策和产业规划，并且组织落实产业政策和产业规划，为企业的经营提供很多要素。政府间接甚至直接地参与了经济和金融。如果用西方的部分经济理论看待，会认为政府参与经济、介入经济资源和金融资源的配置是"错误的"，但事实上中国、日本和韩国取得的经济成就有目共睹。

在日本，不仅法律上明文规定了大藏省对银行事业活动进行审批和监督的制度，还有许多不成文的规定和行政指导。在银行经营困难时，政府会采取救济措施，尽量避免银行破产。银行与政府之间有一种默契的信赖关系，形成了日本特有的官民一体或官民协调的金融体制。

日本政府制定产业政策，确定重点发展什么产业，引导银行给予信贷资源的倾斜。如要发展造船产业，那么政府会要求银行大规模向造船企业投入资本。这种政府与银行联手的模式强有力地推动了日本经济发展。

第二次世界大战后，有限的外汇和资金应该投向哪些产业是日本面临的最重大课题。如果按照市场经济的自发调节规律，这些资金可能会投向具有较强国际竞争力的成熟产业，即轻纺产业。但是如果重点发展轻纺产业，不仅不能缩小日本同欧美国家在产业水平上的差距，反而会扩大这种差距，出现所谓的"贫困增长"。"二战"后，日本银行投资方向与政府的产业政策保持一致，不仅没有危害日本经济的发展，反而成为日本经济腾飞的重要因素。

韩国在20世纪60年代经济起飞时与日本的做法类似，银行业按照产业政策将贷款投向重点产业。而且韩国政府对银行信贷资源的投放干预更强有力，20世纪60年代到80年代韩国经济起飞的20年，韩国银行业从资本属性上来说是私营企业，但银行的高管是由政府任命的，不是由股东选举的。这保证了银行能够配合产业政策，向重点产业投放信贷资源。

我认为中国的金融体系与日本、韩国是类似的，与美国、英国等国家不同。中国、日本、韩国的政府都是社会经济发展的引路人，是经济蓝图的绘制者，是经济发展的设计师和发动机。政府制定产业政策和社会发展规划，引导包括金融资源在内的一系列资源投放，能参与并推动经济发展。

历史上，东亚国家的主导力量是一批熟读经史的读书人，他们读书时接受的思想就是：引领社会。北宋著名理学家张载有一句名言，点明了读书人生于天地间的责任——为天地立心，为生民立命，为往圣继绝学，为万世开太平。《大学》给读书人定义的责任是：修心、齐家、治国、平天下。这些都强调了读书人存在的意义就是要改造天下。科举制度让最优秀的以天下为己任的读书人进入政府，在各个领域发挥自己的才智，积极地设计规划社会发展方向，参与调动各种资源推动社会发展。整个东亚文化圈的政府都是主动型政府，都是积极参与社会发展并承担责任的政府。

中国、日本、韩国坚持自己的文化和历史传统，不全盘照搬西方国家的经验，是取得举世瞩目的经济成就的重要原因。

个体利益大于一切是导致西方金融危机的重要原因

美国著名汉学家安乐哲一直在做中国和西方的对比研究，他指出："金融危机的本质是西方把人、公司视为互不相关的个体，强调个体的利益大于一切，个体维护个体利益是天经地义的，个体没有义务维护系统的稳定，个体没有义务为他人的利益着想。"

西方把人、公司视为互不相关的个体，彼此之间是你赢我输的关系，因此银行与银行之间、银行与公司之间很难达成信任，最终导致了金融系统崩溃。这是美国金融危机发生的深层次原因。中国的文化和思想是把人与人、公司与公司看成相互依存的关系，认为维护关系的稳定是最重要的事情。

我们可以看到 2008 年金融危机，当实体经济遭遇困难急需资金支持的时候，美国银行业出现的情况是贷款规模降低（见表 8-1），而且幅度非常大。与此同时，在规模降低的情况下，贷款的利率也大幅提升（见图 8-1），利差大幅上升。这种情况下实体经济既得不到足量的贷款，而且贷款成本还上升，于是企业不堪重负，在巨大的压力下走向了破产。企业破产后，银行的资产质量自然会恶化，形成了一个多输局面。

表 8-1 美国银行业资产负债增速

年份	存款 增速（%）	贷款 增速（%）	商业及工业 贷款增速（%）	房地产贷款 增速（%）	消费贷款 增速（%）
2005	8.7	10.9	13.9	15.5	8.4
2006	7.4	8.3	13.9	10.4	0.8
2007	9.1	10.1	18.8	6.8	9.8
2008	5.7	3.4	13.2	0.2	7.1
2009	5.2	−6.5	−18.5	−5.5	−3.8
2010	2.4	−2.7	−9.2	−5.5	−7
2011	6.7	1.5	8.5	−3.7	−1.7
2012	7.2	4.1	11.6	−1.1	1
2013	6.4	1.1	7.1	−1	3.4
2014	6.4	6.9	12	2.5	5.2
2015	4.9	7.3	10.6	5.2	5.9
2016	4.4	6.8	6.7	6.5	6.9

数据来源：作者根据相关资料整理。

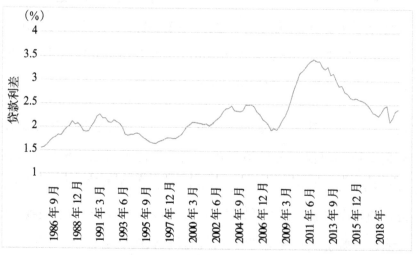

图 8-1 美国贷款利差

资料来源：作者根据相关资料整理。

在危机面前，对银行有利、对企业有利、对社会有利的做法应该是，银行放大信贷规模，帮助危机下的企业渡过难关。保住企业后，银行也就保住了自己的资产安全，社会经济也能实现稳定。但是在纯私人经济的体制下，在一切为了自己的价值观的指导下，危机下所有人都只求自保，没有人去考虑社会利益，没有人想到稳定了经济体自己才会变得安全，于是走向了不顾整体、不顾系统安全的自保之路。

西方政府自我定义为只负责外交和国防，不干涉经济。他们的学术界创立的部分理论认为只要政府干预就是有害的。发生在西方的金融危机之所以出现严重的社会伤害，就是因为在西方纯私人资本、纯自由市场经济下，银行和企业在经济动荡的过程中没有办法形成互信，银行只立足于自己的利益快速抽贷，加速了企业的衰亡，企业衰亡又导致银行坏账飞涨。这种多输效应会放大危机，在危机放大的背景下，银行业的不良贷款率就会超额增长。

政府介入经济是经济稳定的重要保障

在社会经济的运行过程中，有两种状态：一种是正常状态，此时上下游产业链和谐稳定运行，此时市场无形的手能自发调控；另一种是危机状态，在危机来临，系统濒临崩溃时，系统中的任何主体都不可能仅凭借自己的努力幸免于难。哪怕系统中的某些成员联合起来，也没有办法避免系统崩溃。

这不是系统内部的个别成员所能解决的问题，必须有一个独立的第三方站在社会利益最大化及系统稳定的角度上出手，来避免系统崩溃。这个第三方就是政府，当系统发生危机时，政府是唯一能避免崩溃的力量，政府必须站出来。

对银行业的最主要打击不会发生在正常状态下，真正的打击一定发生在危机中，雷曼兄弟就是被危机击倒的。在逻辑上如果一个经济体能够通过政府的努力，将危机的冲击有效遏制住，这个经济体中的银行就会更安全。

错误经济理论误判了中国经济和金融

在资本市场中，有些人认为由政府主导的信贷资源投放模式不利于经济发展，政府完全不干预经济，才是最有利于社会经济发展的金融体制和银行运作的模式，但是中日韩三国创造的东亚经济奇迹的客观事实证明了这种认知是错误的。

我们可以看到，中国成功地以时间换空间的方式平稳化解了历史累计的资产质量问题，但一些错误认知却认为这种方式有问题，化解只是暂时掩盖了矛盾，将来银行业的困境会更严重，而且这种错误认知还广为流传。这就是基本面越来越好，但市场认知却出现了偏差，于是经典的投资机会出现了。

回到我的投资理念和投资哲学："没有主观认知的错误就没有投资的机会和价值，而且错误越严重，投资机会越大。"

青山遮不住，毕竟东流去，错误的东西不可能长久，最终人们的认知会和客观事实一样回归正确，认知回归的过程也将是估值修复的过程。

第 9 章

跨越过程是投资成功的关键

波动不是风险，投资是过程和时间套利

在投资实践中有两个课题：第一是发现低估。第二是等待低估经历一个过程实现估值修复。发现低估有赖于专业知识、调查研究、分析思考，是依赖知识和智力的劳动。**等待低估实现估值修复是一个必须经历的过程，这个过程具有不可预测、复杂、曲折、动荡的特点，对过程的跨越不仅依赖知识和智力，更依赖毅力、勇气、决心、意志。后者比前者难度更大。**

在前面的章节，我论证了中国银行业的基本面已经好转，即便 2020 年发生了新冠疫情也不会逆转，同时投资人普遍还没有意识到这一点。2020 年初，中国银行业的估值罕见地低至 4 倍市盈率，有些 H 股上市的银行股的估值竟然跌到了仅 2 倍多的市盈率。我曾经做过研究，2008 年金融危机时全球范围内最低的银行股估值是 4 倍市盈率。没想到到了 2020 年，中国银行业的估值水平竟然如此低。这种现象极不合理，同时也意味着经典

的投资机会出现了。但是多年以来银行股长期被低估使得大部分投资者失去信心，这使我体会到，在价值投资中，最难的并不是形成一个正确的认知。正确的认知是投资成功的基础，但是有了正确的认知，还需要被大众接受，股价才能估值修复。大众何时接受正确认知，受到基本面事实的清晰度的影响，如果基本面快速展现出利好，大众会较快接受正确认知，如果利好没有快速展现出来，大众接受起来就比较慢。于是投资者需要承受一个曲折复杂的过程，不想承受这个过程就得不到财富。过程的跨越比认知的形成更难。

贸易创造财富的本质是空间套利。同一商品在不同的空间存在价差，为贸易商获取财富提供了机会。贸易商是把商品从一个空间拉到另一个空间来实现套利。而投资获取财富则是时间套利。一家公司的一股股票价值 3 元，在某一个时间点上被错误地理解为只值 0.1 元，你在 0.1 元买入，等待在另一个时点投资大众给予其正确的 3 元的估值，再卖出。在两个时点之间的一买一卖实现了 2.9 元的利润。此时的利润逻辑来自股价被低估后的价值修复。

还有一种情况是一家公司的股票当下价值 5 元，可是经营优势使其 5 年之后价值 50 元，你只要跨越了这 5 年就能获利。此时的利润逻辑来自竞争优势驱动的成果。

因此，不管利润逻辑是低估还是成长，都需要两个时点之间过程的跨越，其本质都是时间套利。跨越过程是获得财富最关键的课题，也是最难的课题。

在这个跨越过程中，必然会出现与投资人预期相反的变化（甚至多次出现），增加投资的难度，使投资人出现自我怀疑、自我否定，不再相信自己开始的判断。在投资实践中，大部分投资人会在这个过程中被击倒，放弃原有判断。

资本市场的股价波动过程是不可预知的。如果过程是一条项链，项链上的珍珠都是偶然，穿这条项链的线就是必然。过程是一系列偶然穿在一个必然的轴线上，过程是必然和偶然的混合，在一定意义上甚至偶然占据主导，因此过程是不可预知的，或者说是不可精确预知的。

在这种情况下，管理过程往往是徒劳的。在资本市场上有些投资机构的投资理念和投资原则是管理波动、管理过程，这些投资机构必定会走向平庸甚至失败，因为过程不可预知。正是由于过程的不可预知，确定的估值修复发生之前不会一帆风顺，必将会非常曲折，会对人性造成很大的压力，所以投资的本质核心是人性博弈。

总而言之，要想在资本市场获得财富，首先要有一个关于公司未来的正确认知，也就是必须准确判断公司的未来。如果错判了公司未来，是不可能长期获利的。然后，需要等待这个未来变为现实，等待的过程可能会非常煎熬，很多投资人在等待的过程中放弃。

人性有一种本能，如果一个预期中的美好结果长期不出现，人就会自我怀疑、放弃。放弃的原因是人在预期的美好结果没有出现时，会产生逃离的冲动。如果这种冲动得不到满足，人就会极端焦虑、痛苦。大部分人承受不了这种焦虑和痛苦，就在美好结果来临前放弃了。

巴菲特曾说过：波动不是风险，本金的永久性损失才是风险。那么在什么情况下会出现本金的永久性损失呢？在你错判投资标的未来时，本金就可能永久损失掉。假如你认为一家公司能成为未来行业的巨头，投入了巨资，最后结果是公司倒闭，钱就永久性损失了。

本书写于 2020 年 7 月底，当时市场上仅有几倍市盈率的银行股不仅没有让投资人获利，反而出现了股价进一步下跌的情况，同时个别高估值的股票却出现了非理性上涨。银行股投资人遭遇的状况，本质是在等待的过程中局势变化超出预期，银行股没有按照逻辑和理性指引的方向出现估值修复，股价反而越来越低。这种情况让很多银行股的长期投资人感受到了难以承受的压力。

2018 年 5 月在伯克希尔 – 哈撒韦股东大会期间，在我的引荐下，李录先生帮《红周刊》牵线搭桥，对芒格进行了专访。当时《红周刊》向芒格提问的 20 个问题中有 6 个问题是我提出来的。其中有一个问题是："投资最重要的是什么？"芒格先生说："是理性！"

理性不是知识，也不是智力，是一种精神状态。在这种精神状态下，人看待事物不偏不倚、不急不躁、不贪婪、不恐惧，坚持客观和常识，不因别人的情绪和观点而改变自我，也不会因市场的波动而动摇自己的信心。理性在哪里？理性在上市公司之中吗？不，理性是人的理性，理性和非理性都是人的主观精神状态。巴菲特没有说财富来自心灵，但他说过："别人贪婪的时候我恐惧，别人恐惧的时候我贪婪。"

与大众相反的正确认知才能带来财富，而大众认知又决定当前股价，于是正确认知必然经历被股价否定的阶段。面对波动，投资人一定要理解：下跌是机会，低估之后的下跌是稀缺资源，这时候一定要占有而非逃离。股市永远在动荡之中，真正的投资能力就是在动荡中保持原则不变、信念不变。在市场的非理性波动中，投资最首要的原则就是保持理性，战胜自己，真正的财富来自心灵。

希望本书可以给中国银行股投资人以鼓励。

投资之道，道阻且长，行则将至。相信我们行而不辍，未来必定可期。

推荐阅读

  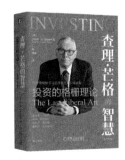

序号	中文书名	定价
1	股市趋势技术分析（原书第11版）	198
2	沃伦·巴菲特：终极金钱心智	79
3	超越巴菲特的伯克希尔：股神企业帝国的过去与未来	119
4	不为人知的金融怪杰	108
5	比尔·米勒投资之道	80
6	巴菲特的嘉年华：伯克希尔股东大会的故事	79
7	巴菲特之道（原书第3版）（典藏版）	79
8	短线交易秘诀（典藏版）	80
9	巴菲特的伯克希尔崛起：从1亿到10亿美金的历程	79
10	巴菲特的投资组合（典藏版）	59
11	短线狙击手：高胜率短线交易秘诀	79
12	格雷厄姆成长股投资策略	69
13	行为投资原则	69
14	趋势跟踪（原书第5版）	159
15	格雷厄姆精选集：演说、文章及纽约金融学院讲义实录	69
16	与天为敌：一部人类风险探索史（典藏版）	89
17	漫步华尔街（原书第13版）	99
18	大钱细思：优秀投资者如何思考和决断	89
19	投资策略实战分析（原书第4版·典藏版）	159
20	巴菲特的第一桶金	79
21	成长股获利之道	89
22	交易心理分析2.0：从交易训练到流程设计	99
23	金融交易圣经II：交易心智修炼	49
24	经典技术分析（原书第3版）（下）	89
25	经典技术分析（原书第3版）（上）	89
26	大熊市启示录：百年金融史中的超级恐慌与机会（原书第4版）	80
27	敢于梦想：Tiger21创始人写给创业者的40堂必修课	79
28	行为金融与投资心理学（原书第7版）	79
29	蜡烛图方法：从入门到精通（原书第2版）	60
30	期货狙击手：交易赢家的21周操盘手记	80
31	投资交易心理分析（典藏版）	69
32	有效资产管理（典藏版）	59
33	客户的游艇在哪里：华尔街奇谈（典藏版）	39
34	跨市场交易策略（典藏版）	69
35	对冲基金怪杰（典藏版）	80
36	专业投机原理（典藏版）	99
37	价值投资的秘密：小投资者战胜基金经理的长线方法	49
38	投资思想史（典藏版）	99
39	金融交易圣经：发现你的赚钱天才	69
40	证券混沌操作法：股票、期货及外汇交易的低风险获利指南（典藏版）	59
41	通向成功的交易心理学	79

推荐阅读

序号	中文书名	定价
42	击败庄家：21点的有利策略	59
43	查理·芒格的智慧：投资的格栅理论（原书第2版·纪念版）	79
44	彼得·林奇的成功投资（典藏版）	80
45	彼得·林奇教你理财（典藏版）	79
46	战胜华尔街（典藏版）	80
47	投资的原则	69
48	股票投资的24堂必修课（典藏版）	45
49	蜡烛图精解：股票和期货交易的永恒技术（典藏版）	88
50	在股市大崩溃前抛出的人：巴鲁克自传（典藏版）	69
51	约翰·聂夫的成功投资（典藏版）	69
52	投资者的未来（典藏版）	80
53	沃伦·巴菲特如是说	59
54	笑傲股市（原书第4版.典藏版）	99
55	金钱传奇：科斯托拉尼的投资哲学	69
56	证券投资课	59
57	巴菲特致股东的信：投资者和公司高管教程（原书第4版）	128
58	金融怪杰：华尔街的顶级交易员（典藏版）	80
59	日本蜡烛图技术新解（典藏版）	60
60	市场真相：看不见的手与脱缰的马	69
61	积极型资产配置指南：经济周期分析与六阶段投资时钟	69
62	麦克米伦谈期权（原书第2版）	120
63	短线大师：斯坦哈特回忆录	79
64	日本蜡烛图交易技术分析	129
65	赌神数学家：战胜拉斯维加斯和金融市场的财富公式	59
66	华尔街之舞：图解金融市场的周期与趋势	69
67	哈利·布朗的永久投资组合：无惧市场波动的不败投资法	69
68	憨夺型投资者	59
69	高胜算操盘：成功交易员完全教程	69
70	以交易为生（原书第2版）	99
71	证券投资心理学	59
72	技术分析与股市盈利预测：技术分析科学之父沙巴克经典教程	80
73	机械式交易系统：原理、构建与实战	80
74	交易择时技术分析：RSI、波浪理论、斐波纳契预测及复合指标的综合运用（原书第2版）	59
75	交易圣经	89
76	证券投机的艺术	59
77	择时与选股	45
78	技术分析（原书第5版）	100
79	缺口技术分析：让缺口变为股票的盈利	59
80	预期投资：未来投资机会分析与估值方法	79
81	超级强势股：如何投资小盘价值成长股（重译典藏版）	79
82	实证技术分析	75
83	期权投资策略（原书第5版）	169
84	赢得输家的游戏：精英投资者如何击败市场（原书第6版）	45
85	走进我的交易室	55
86	黄金屋：宏观对冲基金顶尖交易者的掘金之道（增订版）	69
87	马丁·惠特曼的价值投资方法：回归基本面	49
88	期权入门与精通：投机获利与风险管理（原书第3版）	89
89	以交易为生II：卖出的艺术（珍藏版）	129
90	逆向投资策略	59
91	向格雷厄姆学思考，向巴菲特学投资	38
92	向最伟大的股票作手学习	36
93	超级金钱（珍藏版）	79
94	股市心理博弈（珍藏版）	78
95	通向财务自由之路（珍藏版）	89